En application de l'art. L.137-2.-I. du code de la propriété intellectuelle, toute reproduction et/ou divulgation de parties de l'oeuvre dépassant le volume prévu par la loi est expressément interdite.

Copyright © Marilyne Marie Etre Soi & Rayonner
Copyright © Catherine Chastagner Coaching familial et Psychothérapie
Version 1.0

Édition : BoD · Books on Demand GmbH, In de Tarpen 42, 22848 Norderstedt (Allemagne)
Impression : Libri Plureos GmbH, Friedensallee 273, 22763 Hambourg (Allemagne)
ISBN : 978-2-3225-5063-0
Dépôt légal : octobre 2024

Catherine Chastagner

Marilyne MARIE

Eduquer au XXIème siècle :
mission impossible ?

Re-Pères et Boîte à outils pour une Education bientraitante

« Il ne suffit pas d'*aimer* son enfant pour être un *parent bientraitant* ».

Bruno Dal Palu

Au programme dans ce livre

Préface 9
Pourquoi ce livre ? 11
A qui ce livre va-t-il servir ? 15
Qui sommes-nous ? 18
Qu'est-ce qui a changé ? 21
Pourquoi la Bientraitance ? 25
Outil 1 : Chacun sa place ! 31
Outil 2 : Voici LE Re-Père du XXIème siècle...37
Outil 3 : Les 2 clefs pour préparer nos enfants à demain......................41
Piège n°1 : La SURprotection !...45
Piège n°2 : Être un parent PARFAIT ! 46
Comment se sortir de ces pièges ?..47
Outil 4 : Pourquoi nos enfants n'ont-ils pas envie ?..............................51
Outil 5 : Etapes pour se construire : le Trajet du Sujet........................55
Outil 6 : Alors quelle autorité aujourd'hui ? 65
Outil 7 : Et comment se faire obéir ? 69
Outil 8 : La stratégie éducative pour gérer la frustration ! 75
Gérer la Crise ! 75
Gérer les émotions !...79
Outil 9 : Comment gérer la fratrie ? 83
Outil 10 : Et dans les familles recomposées ? 87
Zoom sur chaque étape de vie 91
Zoom 1 : Sur la Petite Enfance 93
De la conception au langage...93
Zoom 2 : Sur l' Enfance 109

Du langage à la puberté 109

Zoom 3 : Sur l' ADOlescence 115

De la puberté à la majorité 115

Dans le cerveau d'un Ado 117

Zoom 4 : Sur l' ADUlescence 121

De la majorité à la structuration de la personnalité 121

La Boite à outils à retenir ! 127

Pour conclure 131

Voici des liens utiles ! 133

Un GRAND Merci à… 135

Les mots de l'EmètAnalyse 137

PRÉFACE

Les autrices, je les connais bien pour les avoir formées à ma méthode de Psychothérapie intégrative : l'EmètAnalyse. Elles se sont rapidement appropriées les concepts, et sont très enthousiastes pour les transmettre, avec une valeur ajoutée que je n'ai pas, celle de rendre accessibles et ludiques des concepts que j'ai élaborés avec sérieux, en tant que vieil universitaire que je suis. Catherine et Marilyne ont su « pédagogiser » ce que j'ai eu de la peine à enseigner. C'est d'une originalité à couper le souffle.

J'ai mis plus de trente ans à montrer que sur le plan éducatif il fallait passer d'une imposture bienveillante positive à une posture bientraitante. J'ai montré comment l'une, délétère, fomente des Enfants tyranniques, alors que l'autre favorise une nouvelle émergence d'Enfants sympathiques. Et en à peine un an, elles en ont fait des vidéos didactiques et ludiques qu'elles associent à ce livre. C'est à voir, pour savoir, grâce à des QR codes qui renvoient à des capsules vidéos parfois désopilantes.

L'Éducation bientraitante que je promeus, n'est pas seulement une modification de signifiant pour faire « genre novateur », c'est le fruit d'une longue expérience de chercheur, ainsi que celle d'un père de quatre enfants, trois nés au XXème siècle et un au XXIème. C'est véritablement un changement de paradigme indispensable pour que les parents aimants d'aujourd'hui soient aussi des parents capables d'éduquer leurs enfants, puisque comme je ne cesse de le répéter *« il ne suffit pas d'aimer pour élever ses enfants »* vers un avenir radieux. Catherine et Marilyne l'ont bien compris et ont su avec rigueur et humour le transmettre dans ce livre original.

Leur premier essai est d'une fraicheur inédite, gageons qu'il ne soit pas le dernier. C'est un bel objet à mettre entre toutes les mains de parents et d'éducateurs, à consommer sans modération.

Bonne lecture et bon visionnage.

Bruno DAL PALU, Psychologue, Psychothérapeute, Docteur en Psychanalyse, fondateur de l'EmètAnalyse et de l'Éducation bientraitante.

POURQUOI CE LIVRE ?

Pourquoi écrire encore un livre sur l'éducation, alors qu'il y en a déjà tellement ? Nous vivons un XXIème siècle où les injonctions pour être *« les bons parents qu'il faut être »* n'ont jamais été si nombreuses ! Et pourtant ... A l'heure des conseils en un clic sur les réseaux sociaux, qui écouter ? Qui a raison ? Il y a de quoi être perdu et culpabiliser !

Par ailleurs, le comportement des enfants a énormément changé en une quinzaine d'années. Alors que les adultes s'approchent au plus près de leurs demandes, beaucoup sont devenus exigeants, tyranniques, rebelles dès leur jeune âge et démotivés. De manière générale, ils semblent avoir perdu le goût de l'effort et de la réalité. Tout l'investissement affectif, financier et organisationnel mis dans les enfants semble ne pas avoir les effets escomptés.

Comment dans notre société de communication, avec les mouvements éducatifs positifs et bienveillants, les parents peuvent-ils à ce point manquer de repères et en venir, pour certains, au burn-out parental alors qu'ils avaient tant désiré cet enfant ? Où trouver des Re-Pères efficaces ?

Autrefois, le papy ou la mamie assis au coin de la cheminée veillait sur les petits et transmettait un « sac à dos pédagogique » aux parents qui travaillaient. En ce début de XXIème siècle, notre mode de vie a changé, entraînant incontestablement une évolution du modèle familial. Parents séparés, familles recomposées, familles monoparentales, familles homoparentales, familles éloignées par le travail ou divisées... beaucoup n'ont plus de soutien direct ou de conseils quotidiens pour les guider dans leur parentalité. Le noyau familial, autrefois élargi, se retrouve bien souvent restreint à la micro cellule parent-enfant.

En parallèle de la famille, l'Ecole, théâtre de ce qui se joue à la maison, se serait-elle saisie de la mission d'Education Nationale en se renommant ainsi en 1932 au lieu de s'en tenir à la transmission de savoirs avec le titre d'Instruction Publique ? Est-ce la conséquence d'un constat sociétal ou d'un simple effet du Réel menant à un changement de paradigme ?

Le comportement des enfants a changé mettant l'autorité en difficulté ! L'autorité justement, parlons-en ! Vaste thème et grand sujet médiatique de ce XXIème siècle ! Faut-il suivre les courants éducatifs où empathie et bienveillance sont les maîtres mots pour que nos enfants prennent confiance en eux, laissant au vestiaire le cadre sécurisant pourtant primordial pour la construction psychique des enfants ? La place de chacun est floue, les droits sont prônés en oubliant les devoirs, les limites saines, contenantes, rassurantes, sont oubliées. Mettre ce cadre et ces limites revient à : oser dire non, ne pas aller tout le temps dans le sens de ce que l'enfant veut, ne pas tout discuter ou négocier, oser la frustration et la gérer.

Réagissons ! De plus en plus d'enfants développent des troubles. Parents, enseignants, éducateurs et professionnels de santé s'interrogent devant des enfants exigeants, tyranniques et en opposition dès le plus jeune âge, et cela empire ! Les cabinets de pédopsychiatres et de psychologues, pas assez nombreux, abondent de patients face aux troubles du comportement qui explosent. La multiplication des phobies et du coaching scolaire interpelle, celle du burn-out parental également.

Devant l'augmentation des symptômes chez les enfants, il est urgent de se poser la question suivante : est-ce que l'enfant d'aujourd'hui, de notre XXIème siècle, n'est pas Symptôme* d'un Système* qui s'est désorganisé par manque de repères ? Le temps passant, c'est l'enfant lui-même qui développe des symptômes qui commencent à « chatouiller »l'équilibre psychologique des adultes, à alerter les professionnels de santé, de l'enfance, et ce dès la crèche. Finalement, ce sont les enfants qui commencent à être abîmés dans leur construction psychique et leurs relations sociales. Quels adultes aurons-nous demain si les troubles de la personnalité se développent à grande vague dès le plus jeune âge ?

Nous avons pris ce sujet à cœur, tant pour nos propres enfants que dans nos métiers et pour les familles de notre temps. C'est le pourquoi de ce livre, qui se veut clair, concis et accessible à tous, comme une boîte à outils que vous pourrez parcourir selon vos besoins ou l'obstacle du moment.

Formées toutes les deux à l'EmètAnalyse*, nous souhaitons également communiquer aussi largement que possible ces outils d'**Education Bientraitante** modelisés par Bruno Dal Palu.

Rendre les concepts que nous avons appris vivants, à travers des vidéos et en les explicitant dans cet ouvrage, c'est vous accompagner dans votre métier de parents et d'éducateur.

En résumé
Stop à l'éducation bienveillante !

Que votre lecture soit la plus déculpabilisante possible et qu'elle vous donne toute la force nécessaire pour sculpter votre posture bientraitante.

Ce livre a été écrit à quatre mains, pour le rendre plus efficient et équilibré tant dans la théorie que dans la pratique. Nous nous sommes appuyées sur nos points forts respectifs et l'expertise de chacune enrichie par nos milieux professionnels différents.

A QUI CE LIVRE VA-T-IL SERVIR ?

Face à un système éducatif qui dysfonctionne, une autorité en crise et des symptômes de plus en plus fréquents chez les enfants, les adultes au contact d'enfants et d'adolescents se relèvent les manches et ont besoin de comprendre pour pouvoir remettre le curseur au bon endroit.

Ce livre s'adresse donc à tous les éducateurs de notre XXIème siècle : parents, enseignants, professionnels de la Petite Enfance, animateurs … qui cherchent des repères et des clés pour persévérer dans une éducation structurante.

A tous ceux qui observent un éventail coloré de comportements qui mettent en difficulté l'autorité des adultes et le "vivre ensemble".

A tous ceux qui prennent le relais pour enlever les sucettes et doudous en passant la porte de l'école le matin, pour les convaincre de l'importance de partir de la maison, de se séparer le temps d'un séjour, pour dire aux enfants de mettre leurs lunettes de vue, d'enlever les boucles d'oreilles pendantes, de cacher le nombril, de rallonger les robes, de quitter les tongs de plage ou encore pour dire de prendre un manteau et de ne pas porter de short par -4°C en plein mois de janvier.

A tous ceux qui reprennent inlassablement les mots basiques qui sont en train de s'évaporer du langage aussi bien des enfants que des adultes : « bonjour, s'il te plaît, merci ».

Regardons également de l'autre côté. Ce livre tombe à pic pour toutes les mamans et les papas qui pleurent en laissant leur enfant le matin, n'arrivant pas à se séparer de ce qu'ils ont de plus précieux.

A tous les parents qui s'effondrent car ils ne trouvent plus de solutions face à leur enfant de 4 ans qui n'écoute pas, les tape et s'oppose systématiquement, disant « J'ai tout essayé ».

A tous ceux qui se sentent débordés et dépassés par les comportements de leur ado.

A tous ceux qui ont le courage de demander de l'aide, en osant franchir la porte du cabinet, en se rendant à une conférence, en sortant de leur isolement pour partager avec d'autres parents.

A tous les professionnels qui continuent à se former et à nourrir leurs compétences et leur curiosité.

Ce livre doit donc permettre à tous ceux qui s'occupent d'enfants d'affirmer une posture éducative bientraitante sans culpabiliser et sans avoir peur d'être jugés.

Osons affirmer une autorité **Bientraitante** sans avoir peur d'être jugé !

* Bientraitante ? C'est quoi ce « truc là » ?

C'est LA méthode d'éducation efficace que nous vous proposons !

➡ Pour faire grandir des bébés, des enfants et des adolescents de manière **équilibrée** et selon leurs besoins !

➡ Pour rester des parents fiables et en **bonne santé nerveuse** !

QUI SOMMES-NOUS ?

Catherine CHASTAGNER
Praticienne en Psychothérapie et Coach,
Formatrice en EmètAnalyse

La famille et l'éducation sont au cœur de mes préoccupations, depuis le choix de mon premier métier d'éducatrice spécialisée, que j'ai exercé pendant douze années dans l'accompagnement social et éducatif. Puis, j'ai voulu travailler au plus proche de l'accompagnement des enfants et des familles en créant une école Montessori maternelle et élémentaire en 2007. J'avais à cœur une école proche des besoins de l'enfant, en partenariat étroit avec les parents.

Après dix années en tant que directrice et enseignante, j'ai repris les études pour me former en coaching et en psychothérapie, pour mieux comprendre l'être humain, son développement, les relations … et comment l'accompagner dans le soin de ses blessures et de ses failles. J'exerce actuellement à Valence, en cabinet de psychothérapie et de coaching familial.

J'anime également des conférences et de l'Analyse des Pratiques Professionnelles dans des crèches et des écoles. J'aime accompagner chacun, adulte, enfant et adolescent, à oser vivre pleinement qui il est, déployer son potentiel, ses relations, et trouver sa place dans ce monde.

Marilyne MARIE
Praticienne en Psychothérapie et Coaching,
Formatrice en EmètAnalyse
Professeure des écoles et Cheffe d'établissement

    J'observe l'être humain, ses questionnements, ses défis, ses choix, ses réussites et ses difficultés. Depuis seize ans, je prends du recul et monte des projets avec des équipes dans les écoles, pour accompagner les futurs adultes de demain, dans la découverte de leurs talents et de leur développement psychique, éducatif et intellectuel. Au-delà de la pédagogie, c'est la relation qui se trouve au coeur du métier d'enseignant. Je constate que plus les années passent, plus les comportements changent et plus les équipes, les familles et les enfants souffrent.

    Mon défi pour les prochaines années, munie de mes diplômes en Psychothérapie et Coaching : « Pédagogiser » et faire rayonner les merveilleuses trouvailles de l'EmètAnalyse, méthode intégrative créée par Bruno Dal Palu, en faisant de la prévention et de la formation au plus grand nombre, à travers mon projet **Etre Soi & Rayonner**. Alors, en parallèle de l'école, c'est en faisant du Coaching et de la Psychothérapie que je propose des séances de thérapie, des conférences, des ateliers dans les classes, des formations et des Analyses des Pratiques Professionnelles dans les écoles et les crèches, à la demande des Associations de Parents d'Elèves et des gestionnaires de personnels. Vous retrouverez, dans ce livre, mes vidéos qui expliquent tous les outils partagés ici de manière concise et humoristique. Scannez les QR Codes pour les retrouver.

QU'EST-CE QUI A CHANGÉ ?

Le terreau des générations d'enfants nés ces dernières années est conditionné par un changement de paradigme.

Les repères éducatifs ont évolué passant **de l'Enfant du Besoin à l'Enfant du Désir**, comme l'enseigne l'EmètAnalyse. Ce premier outil d'analyse permet de comprendre à quel point les parents investissent dans leur enfant, objet de leur désir.

Jusqu'en 1900, nous étions dans le concept de l'Enfant du **Besoin**. Parce que les conditions sanitaires, d'hygiène et de survie n'étaient pas celles d'aujourd'hui, les parents investissaient dans leur progéniture. Une fois devenus adultes, ils pouvaient alors perpétuer une lignée, une famille, des terres ou un patrimoine. Les enfants devaient allégeance à leurs parents, ce qui s'inscrivait dans une autorité de toute-puissance paternelle, voire de terrorisme du parent sur l'enfant.

Avec les prises de consciences et la diffusion d'auteurs tels que J.J. Rousseau, D.Winnicott, S. Freud, A. Spitz, la société commence à porter un nouveau regard sur l'enfant et à définir les rôles du père et de la mère. L'enfant n'est plus une bouche à nourrir ou une charge, il devient un petit être avec une conscience, à prendre en considération. Les peintures du XXème siècle en témoignent avec la présence d'enfants sur les toiles.

Les années 60-70 voient apparaître les réformes sur les droits de la famille, retirant au père l'autorité exclusive. Le féminisme, l'égalité des sexes, la contraception, l'IVG, la PMA, l'homosexualité, les années F. Dolto faisant entrer les « papas poules » sur la scène éducative, contribuent à modifier la société. Au XXIème, les femmes maîtrisent leur désir de grossesse, les couples ne font donc plus un enfant par besoin. Aujourd'hui, ils ont le choix de faire un enfant ou pas, seuls ou non, et décident du moment de la conception, selon leur **Désir**.

La place de l'enfant dans le système de la famille a donc changé. Il devient un **objet précieux** dont il faut prendre soin et à qui il ne faut surtout pas faire mal, tant physiquement que psychologiquement (loi de 2019). Les neurosciences ajoutent de la « préciosité » en découvrant que les capacités synaptiques d'un jeune enfant sont 3,5 fois supérieures à celles d'un adulte. Les crises, le contexte anxiogène, les « courants de bienveillance » dans lesquels les adultes se sont perdus car mal interprétés ou en réaction à l'autoritarisme d'il y a quelques années, ont déplacé chacun dans le système qu'est la famille. Voilà pourquoi inconsciemment les parents protègent autant leur enfant et l'aiment inconditionnellement. Ils se sacrifient pour lui, installant sournoisement une forme de terrorisme de l'enfant sur ses parents.

Aussi, qu'en sera-t-il ces prochaines années ? Avec les difficultés pour avoir un enfant qui vont croissantes (fausses couches en augmentation), ou la tendance des jeunes couples qui ne veulent pas d'enfant par anxiété de l'avenir : le paradigme de l'Enfant Désir ne risque-t-il pas de continuer à se renforcer ?

Retrouvez le concept
Enfant du Besoin
Enfant du Désir

POURQUOI LA BIENTRAITANCE ?

La Bienveillance* ne fonctionne pas pour éduquer nos enfants !
La Bientraitance* doit être LE curseur éducatif !

Les prises de conscience intellectuelles ainsi que l'évolution des mœurs, des réformes et des découvertes scientifiques, ont permis de sortir du paternalisme tout puissant et maltraitant en faisant évoluer la parentalité. D'un extrême, nous sommes passés à un autre. *« A vouloir faire le contraire, nous faisons la même chose »* comme l'affirme Bruno Dal Palu. Résultat, l'Education dysfonctionne encore !

Mal traduite, mal interprétée, l'éducation positive a malheureusement modélisé une génération de parents trop tolérants, trop permissifs, avec des réactions politiquement correctes, refoulant ainsi leurs émotions et la spontanéité de la relation éducative. Ajoutez à cela la « mode de la bienveillance » et vous vous retrouvez avec des parents au service de l'enfant, chosifiés, instrumentalisés par le désir de l'enfant, voire maltraités, « *Paradoxalement, en souhaitant vivre sa parentalité avec amour et empathie, on obtient l'inverse : des enfants égocentriques incapables d'éprouver le sentiment d'autrui* »[1]. Au mieux, la vie se chargera de remettre l'enfant dans le Principe de Réalité*, au pire, « *le petit être humain va se construire, si rien ne l'arrête, ne le contredit ou le déstabilise, dans ce que j'ai appelé les pathologies de l'intolérance aux frustrations* », explique Didier Pleux.

Ne sommes-nous pas passés de l'excès d'autorité à l'excès d'autorisations ? Ne sommes-nous pas en train de fabriquer une génération de manipulateurs, d'égocentriques et de personnalités rigides (de structure Etat-limite*, selon l'EmètAnalyse) ? Au nom de la bienveillance et par absence de frustration, l'enfant use et abuse des personnes autour de lui. Rien ne vient barrer la Jouissance de l'autre* considéré alors comme un objet.

Ainsi, depuis une dizaine d'années, le slogan de Mai 68 « *Il est interdit d'interdire* » a influencé la littérature éducative qui a laissé miroiter aux parents, en recherche de clefs d'éducation, que l'on pouvait éduquer son enfant sans le sanctionner, en étant juste à l'écoute, compréhensif et aimant. Les têtes de gondoles dans les commerces montrent cette tendance à la bienveillance qui délaisse le cadre structurant et sécurisant. De même les magazines abondent de titres aussi créatifs et farfelus les uns que les autres : « *Tous hypersensibles ?* », après la mode du « *parent hélicoptère* », c'est le « *parent tondeuse* » ou dit « *chasse-neige* » qui fait son entrée sur la piste. Nous avons confondu le besoin d'amour et le besoin de limites. Des parents aimants, attentifs, surprotecteurs, se retrouvent débordés par leur enfant de plus en plus exigeant, affirmé dans sa personnalité et avec « *un ego gonflé à l'hélium* »[2].

---

[1] PLEUX D., L'éducation bienveillante, ça suffit !, Odile Jacob, Paris 2023, p63.

[2] PLEUX D., Les 10 commandements du bon sens éducatif, Paris, Odile Jacob, 2017, p62.

Depuis plusieurs années, l'EmètAnalyse, quant à elle, parle d'Education Bientraitante. Comme le dirait Bruno Dal Palu, « c'est une fausse bonne idée d'enlever les petits cailloux sur le chemin de croissance de l'enfant ».

Entre adultes, oui, la Bienveillance est prônée ! Voici la base-même de l'EmètAnalyse. Il s'agit « *d'une posture et d'une démarche qui consistent à veiller au bien-être de soi d'abord et de l'autre ensuite* »[3], « *dans une relation sur un même plan d'égalité* ».

Avec nos enfants, c'est la Bientraitance qui est nécessaire et qui doit être le Re-Père, le leitmotiv et le phare de l'Education. Et la clef pour y voir clair est là ! Cette distinction entre Bienveillance et Bientraitance rétablit l'équilibre dans la posture à avoir pour faire grandir les enfants de ce XXIème siècle. Alors que la Bienveillance, c'est veiller au bien-être, la Bientraitance est du domaine du prendre soin des Sujets vulnérables*, c'est à dire, des personnes fragiles qui ne peuvent être autonomes (personnes dépendantes, handicapées… et les enfants). Parce qu'ils ne savent pas ce qui est bon pour eux, qu'ils ne sont pas encore autonomes parce qu'en construction, c'est l'adulte qui le fait pour eux. Il s'agit donc d'une **relation asymétrique**. Cette affirmation va à contre-courant de ce que la mode éducative préconise en mettant enfant et adulte dans une relation horizontale. Didier Pleux a senti cette hiérarchie et s'en afflige : « *L'enfant est un enfant, un être d'émotions certes, mais aussi et surtout un être en évolution qui a besoin de l'autorité, de la « verticalité » des parents via l'éducation et surtout pas d'une pseudo-horizontalité* »[4]. La psychologue québécoise Ariane Hébert affirme la place de chacun en écrivant : « *Votre enfant est en développement; son jugement n'est pas optimal, son raisonnement est encore fragile, ses expériences de vie sont minimes, et sa maturité est inexistante ou presque selon son âge. Vous êtes celui qui sait ce qui est bon pour lui, vous êtes responsable de lui. N'optez donc pas pour les décisions populaires,*

---

[3] DAL PALU B., Introduction à l'EmètAnalyse, Paris, Les Editions du Panthéon, 2020, p29.

[4] PLEUX D., L'éducation bienveillante, ça suffit !, Paris, Odile Jacob, 2023, p49.

celles qui vous rendront la vie agréable ou lui éviteront la frustration. Optez pour celles qui sont les meilleures pour lui»[5].

Le discours ambiant incite plus les parents à laisser faire qu'à interdire. Pourtant, nos enfants développent des symptômes qui sont censés nous faire réagir.

La Bienveillance ne suffit donc pas pour faire grandir nos enfants ! Oui, les parents aiment inconditionnellement leur enfant et c'est nécessaire dans les 1000 premiers jours de la vie ! Dire NON à son enfant, le frustrer, oui ça remue les tripes ! Oui, nous prenons le risque de crises ! Et tant mieux parce que ce sera l'occasion pour l'enfant de développer des stratégies pour savoir faire avec.

Soyons donc des adultes bientraitants avant d'être mal traités ! Arrêtons d'abîmer les enfants ! Pour cela, il y a urgence à éveiller les consciences et à donner des Re-Pères solides... pas sortis du chapeau ou d'une trouvaille en un clic auprès du Grand Autre* qu'est Google, mais bien dans les concepts de la Psychologie et les recherches scientifiques.

L'EmètAnalyse donne des Re-Pères aux éducateurs, des clefs de lecture et des outils efficaces car elle tient compte du développement psychique de l'enfant et du Système dans lequel il se construit. Ce n'est pas naturel d'être bientraitant avec son enfant, cela s'apprend.

---

[5] HEBERT A. Etre parent, La boîte à outils, Québec, Editions de Mortagne, 2018, p47.

Ça, c'est la **Bienveillance** … et ça, c'est la Bientraitance

La *Bienveillance*

c'est veiller au Bien-être de soi
d'abord et de l'autre ensuite.

La Bientraitance

c'est prendre soin

Et ce n'est pas la même chose !

Pour éduquer son enfant, il faut avoir les concepts bien au clair en tête !

Outil 1

CHACUN SA PLACE !

Distinguer **Bienveillance** et **Bientraitance**, c'est remettre chacun à sa juste place.

La famille est un système relationnel, émotionnel, où chacun a une place. Et lorsque chacun est à sa place, le système fonctionne bien. Par contre, comme dans tout système, si l'un n'est pas à sa place, cela déplace tous les autres. Ainsi, il convient que chacun retrouve sa place, notamment dans une différenciation générationnelle : les parents et les enfants ne sont pas sur le même plan. Lorsque les parents retrouvent leur place de parents et les enfants leur place d'enfant, la famille retrouve un ordre sain pour chacun, pour les parents parce qu'ils peuvent alors retrouver du temps pour chaque chose qu'ils ont à faire et à vivre, et pour les enfants car c'est sécurisant pour eux de retrouver un cadre contenant, où ils ne sont plus toujours en place de décider de tout, livrés ainsi à leur désir changeant qu'ils n'arrivent pas encore à gérer.

La relation entre parents et enfants n'est pas symétrique, sur le même plan, mais bien **asymétrique** : les parents ont une responsabilité que l'enfant n'a pas, c'est à eux qu'est confiée la mission de prendre soin, de protéger, d'élever dans le sens de faire grandir, d'assurer son éducation. C'est ce que dit la loi au niveau de l'autorité parentale, dans l'article 371-1 du code civil ! *« L'autorité parentale est un ensemble de droits et de devoirs ayant pour finalité l'intérêt de l'enfant. Elle appartient aux parents jusqu'à la majorité ou l'émancipation de l'enfant pour le protéger dans sa sécurité, sa santé et sa moralité, pour assurer son éducation et permettre son développement, dans le respect dû à sa personne. L'autorité parentale s'exerce sans violences physiques ou psychologiques. Les parents associent l'enfant aux décisions qui le concernent, selon son âge et son degré de maturité ».*

Quelques remarques sur cet article : il est maintenant inscrit dans la loi, et ce depuis 2019, que cette autorité doit s'exercer sans violences physiques ou psychologiques, ce qui donne un cadre nouveau à l'éducation du XXIème siècle, en comparaison à celle du XXème siècle. Les stratégies éducatives doivent donc changer, notamment pour les parents qui ont été éduqués eux-mêmes au XXème siècle et qui penseraient pouvoir reproduire les « bonnes choses » de leur propre éducation dans un cadre de référence qui a changé : cela ne fonctionne pas ! L'exigence, le « *fais-le sinon… !* », le « *une fessée remet les idées en place* »… ne provoqueront que de la résistance auprès de l'enfant et encore plus auprès de l'adolescent !

Pour montrer combien l'asymétrie dans la relation parent-enfant est structurante, voici une situation accompagnée dans mon cabinet :

Sylvie et Guillaume viennent me consulter car ils n'arrivent plus à concilier la vie de famille avec la vie de couple, le travail, les activités. Le quotidien devient tendu entre eux et ils sentent que cela ne peut plus durer. En questionnant de plus près, je comprends que leur 2ème enfant de 3 ans et demi, Noa, ne veut pas s'endormir seul le soir, ainsi l'un d'entre eux doit rester avec lui jusqu'à l'endormissement, et quand c'est Guillaume qui veut le faire, le fils n'est pas d'accord : « je veux maman ». A table, il refuse de manger ce qu'il ne choisit pas, se lève de sa

chaise. Sylvie me confie : « la dernière fois j'avais besoin d'aller au WC et je n'ai même pas pu fermer la porte », je lui demande « pourquoi ? », parce que Noa ne voulait pas », je réponds alors « même s'il ne veut pas, vous pouvez quand même fermer la porte », « non, répond Sylvie, sinon il pique une colère jusqu'à se rouler par terre et nous en avons pour 2h à le calmer, je n'ai pas l'énergie pour ça ! ». Je demande alors à Sylvie et Guillaume de positionner leur enfant sur le dessin que je fais (monsieur représenté par un carré à gauche, et madame par un cercle à droite), et cela donne :

* enfant au milieu

Voici une autre situation :

Nina, 9 ans, n'arrive pas à s'endormir seule. Les parents viennent consulter car ils n'en peuvent plus. Nina fait ce dessin de sa famille, montrant bien la confusion des places :

C'est le « bazar » dans les places de sa famille, Nina se retrouve au-dessus de ses parents dans une place anxiogène (qui la protège à part elle-même ?), et ses parents sont eux-mêmes séparés par un autre enfant de la fratrie. Le couple conjugal s'est perdu.

Ainsi, chacun sa place :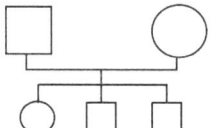

Comme tout effet systémique, l'effet du « chacun retrouve sa place et respecte celle de l'autre » est souvent rapide et spectaculaire (lorsqu'il n'y a pas d'autres problématiques sous-jacentes). Ce fut le cas pour Nina. En 2 séances de coaching avec les parents, nous avons travaillé : retrouver la dimension du couple conjugal puis parental, ne pas être tous les deux dans une fonction maternante en même temps (nous verrons plus tard ce que cela signifie) mais retrouver du Paternant : savoir faire avec l'absence, et un regard de « foi » sur son enfant : il a en lui toutes les capacités pour y arriver, je le soutiens donc dans ce sens au lieu de palier moi-même à ses difficultés (sinon, comment apprendra-t-il à développer ses stratégies pour dépasser la peur ?)

J'ai également travaillé avec Nina pour lui apprendre à traverser des peurs, l'une après l'autre, avec l'image d'un escalier : de la plus petite à la plus grande, de façon graduée ; Nous avons travaillé aussi sur la motivation : qu'est ce qu'elle pourrait gagner si elle arrive à traverser le challenge de s'endormir seule pendant 21 jours de suite ? (les parents font le rituel avec elle, restent 10 minutes (avec un timer) puis la laissent s'endormir avec un objet à eux).

Lors de la 2ème séance, le challenge était réussi ! Un vrai boost de confiance en soi pour Nina !

Ainsi, dans la relation parent-enfant, nous ne sommes pas dans le cadre de la « bienveillance », qui signifierait que chacun fait sa part, sur le même plan, où l'enfant saurait aussi bien que le parent ce qu'il convient de faire…, mais bien dans le cadre de la **Bientraitance**, à savoir la capacité à être bienveillant avec une personne vulnérable. L'enfant est une personne vulnérable, avec une vulnérabilité différente selon son âge, son stade de développement, sa singularité. Ainsi, en tant que parent, je n'interagis pas de la même manière avec mon jeune enfant de 1 an, qu'avec mon enfant de 8 ans et qu'avec mon ado de 13 ans. La posture éducative évolue, dans la bientraitance, en s'ajustant aux besoins spécifiques de l'enfant.

Nous avons bien dit « besoins de l'enfant »

et non « désirs de l'enfant », nous y reviendrons !!

Ainsi nous parlons d' *Education bientraitante*

et non d'éducation bienveillante,

et cela change tout !

Outil 2

VOICI LE RE-PÈRE DU XXIÈME SIÈCLE

Re-Mettre du « Paternant » dans l'Education de nos enfants !

L'image, le rôle et la place du père et de la mère ont évolué eux aussi. Et c'est bien cela qui pose problème dans le couple parental aujourd'hui. Les frontières entre papa, maman, père, mère sont floues.

Qui joue quel rôle ? Est-ce que chacun est bien à sa place ? Le comportement des enfants change et la tendance est à un laisser-faire, par amour, des deux parents. Par amour, les parents tombent dans un énorme piège : celui de tout faire pour leur enfant sans mettre le cadre qui sécurise. Les enfants deviennent tyranniques, hyper protégés, manquant de repères structurants. Sur ce point, l'EmètAnalyse propose une lecture très logique et des outils concrets qui apportent de l'aide au couple parental, pour qu'il soit structurant et qui peuvent aussi aider à pacifier les blessures de naissance. La dimension parentale a trois dimensions : **Le géniteur/la génitrice** est celui par qui la vie a permis d'être et qui donne ses gênes. **Le père/la mère** donnent un nom, une lignée, une famille, un patrimoine. **Le papa/la maman** sont ceux qui prennent soin de l'enfant dans les bons comme dans les mauvais moments. Puis, il existe un **« 3 en 1 »** pour l'enfant. Soit l'enfant dispose d'un seul flacon, comme le shampoing, avec un géniteur/génitrice, père/mère, papa/maman, soit il faudra qu'il trouve un de ces flacons dans une autre personne au cours de sa vie. Il pourra alors quand même bien se structurer psychiquement.

Face à la crise de l'autorité, nous entendons de nombreuses mères dire qu'elles sont seules pour faire obéir leurs enfants, que le père est absent (par motif du travail, par manque d'intérêt, par refus d'assumer le rôle de l'autorité ou d'une réelle absence suite à une séparation puis quasi-disparition). Faut-il un père pour que l'enfant obéisse ?

Il faut Re-Mettre la fonction du **Tiers*** : le Paternant.

Voici donc un des outils fondamentaux de l'Education bientraitante selon l'EmètAnalyse : le Maternant et le Paternant. Quelque soit le modèle de famille ou de couple parental, comme nous avons besoin de nos deux jambes pour tenir en équilibre, l'enfant a besoin d'un **Maternant** (celui qui est le plus présent à la maison, qui prend soin, qui donne de l'amour inconditionnel) et d'un **Paternant** (celui qui est le plus absent, qui vient séparer du Maternant pour faire grandir et barrer la jouissance). Ces rôles ne sont pas sexués. Le Maternant c'est : papa ou maman. Le Paternant c'est : le père ou la mère. Mais s'il y a *« maman poule et papa poule à la maison»*, il est fort probable que l'enfant devienne tyrannique, manquant de la figure paternante. Car à travers le Paternant, l'enfant apprend à ne pas user et abuser de tout, à gérer la frustration et l'absence pour se construire en tant que Bon Objet* (apprendre les règles, les codes) jusqu'à l'âge de 12 ans. La Fonction paternante est donc nécessaire. Elle peut être assurée par d'autres personnes en dehors du noyau familial. L'école, la crèche, le thérapeute, … font tiers à la relation fusionnelle de l'enfant avec son Maternant et mettent des limites au comportement non approprié.

Il est donc courant que ce soit l'école qui tienne la Fonction de Tiers qui permet de lâcher la sucette ou le doudou.

L'école ça décolle ! Surprotégés par leurs parents, les enfants ont donc de moins en moins d'opportunités de tester leur Résilience*. L'école reste pourtant un des lieux principaux où ils peuvent faire cet apprentissage. Le travail à la maison pendant le confinement l'a démontré. L'école est un Besoin et non un Désir. Elle fait Tiers dans la relation. Attendre son tour, gérer sa frustration, se séparer de ses parents, respecter les règles de vie pour grandir ensemble, s'entraider, gérer ses émotions, trouver sa place dans un groupe même au prix de conflits ou de quelques coups, sont autant d'apprentissages nécessaires.

L'école se doit d'être Bientraitante et en même temps, nous savons que la gestion des conflits fait grandir. La cour de récréation est le thermomètre de la société qui permet à l'enfant de gérer ses relations avant d'être adulte, face à des choix de vie, en bref de développer sa Résilience. En cela, elle est aussi une école de la vie !

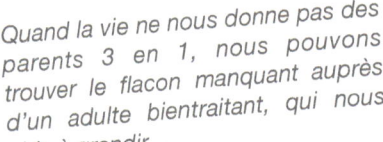

Outil 3

LES 2 CLEFS POUR PRÉPARER NOS ENFANTS À DEMAIN

Sensibilité & Résilience !

Ce sont les deux axes qui doivent orienter notre Education bientraitante. Pour déjouer les pièges et les rendre **suffisamment souples et solides**, nos enfants du XXIème siècle ont besoin de développer ces qualités de vie.

Grâce à l'avancée des neurosciences, nous savons aujourd'hui que le cerveau de l'enfant dispose de potentialités énormes, soit *« dix fois plus de connexions que le réseau Internet mondial : un million de milliards de connexions de neurones »*[6]. En aménageant un environnement riche, de qualité, avec des activités variées et stimulantes, au rythme biologique de l'enfant, relié aux autres, comme le suggère Céline Alvarez, les parents offrent à leur enfant la

---

[6] ALVAREZ C., Les lois naturelles de l'enfant, Les Arènes, Paris, 2016, p44.

Sensibilité, une clef pour la vie. Pour l'EmètAnalyse, la **Sensibilité** est « *la faculté à percevoir les petits changements chez soi et l'autre, de s'en laisser impacter afin de s'ajuster en conséquence, avec tact* »[7]. Etre sensible, c'est être suffisamment souple et ouvert pour comprendre le monde et y contribuer avec justesse et respect. Dans notre monde ultra numérisé, comment tenir cette clef structurante pour nos enfants ? Un enfant a besoin de manipuler, de jouer, d'interagir avec ses pairs et surtout avec l'adulte. La médecin et pédagogue Maria Montessori l'avait bien compris en créant La casa dei bambini en 1907, avec des ateliers de manipulation autour de la vie pratique et sensorielle et du mobilier à hauteur des enfants. Pour elle, le cerveau de l'enfant se situe dans sa main, car c'est par elle qu'il appréhende le monde. « *La main est un organe élégant et de structure très complexe, qui permet à l'intelligence de se manifester et à l'homme d'établir des relations particulières avec son environnement* »[8]. Alors que l'enfant se structure en explorant le monde, que penser de notre monde submergé par le numérique accessible dès le plus jeune âge ? Concernant les écrans, il ne s'agit pas de les bannir mais de réfléchir sur leur place et leur usage raisonné et adapté à chaque tranche d'âge. Pourquoi Steve Jobs, fondateur d'Apple, refusait pour ses propres enfants qu'ils regardent la télévision et jouent sur un ordinateur avant six ans ? Les plus grands créateurs informatiques de la Silicon Valley envoient leurs enfants dans des écoles sans écrans, labellisées Montessori. Alors pourquoi noyer nos enfants dans l'univers des écrans au prix du développement de leur sensibilité ? Prenons du recul sur les dictats de notre société. Tenons compte de ce qui est bon pour le développement naturel de nos enfants au risque d'avancer à contre sens.

L'autre clef est celle de la **Résilience**, celle qui construit la solidité de la personne (mais pas la rigidité). Les parents qui ne veulent pas frustrer leur enfant enlèvent tous les petits cailloux sur leur chemin. Pourtant, lorsque l'enfant apprend à surmonter les petites difficultés de la vie, dans le cadre

---

[7] DAL PALU B., le Nœud Bo de Lacan, Paris, L'Harmattan, 2022, p 141.

[8] MONTESSORI M., l'Enfant, Editions Desclée de Brouwer, Paris, 2018, p116.

sécurisant de la famille, il développe sa résilience. Il sera alors suffisamment fort pour affronter les plus grosses tempêtes qu'il ne manquera pas de rencontrer en grandissant. Ne pas permettre à nos enfants de devenir résilients, ce n'est pas leur rendre service et cela revient à les fragiliser pour leur vie future. Le terme « Résilience » ne va pas sans penser au neuropsychiatre Boris Cyrulnik qui la définit comme « *l'art de naviguer dans les torrents* ». Pour l'EmètAnalyse, la Résilience est « *la capacité à tirer profit de l'adversité et à la dépasser vers un mieux vivre en allant de l'avant* »[9], c'est la capacité à faire d'un mal un bien.

Dans cet équilibre entre Sensibilité et Résilience, le défi est d'offrir à l'enfant un environnement sécure sans toutefois enlever tous les obstacles qui lui permettront d'être suffisamment solide dans sa personnalité.

Pour que nos enfants grandissent en étant à la fois solides et souples, la Résilience et la Sensibilité sont les deux points de mire, comme deux coordonnées éducatives à viser simultanément, comme le montre le schéma ci-dessous des coordonnées éducatives selon l'EmètAnalyse :

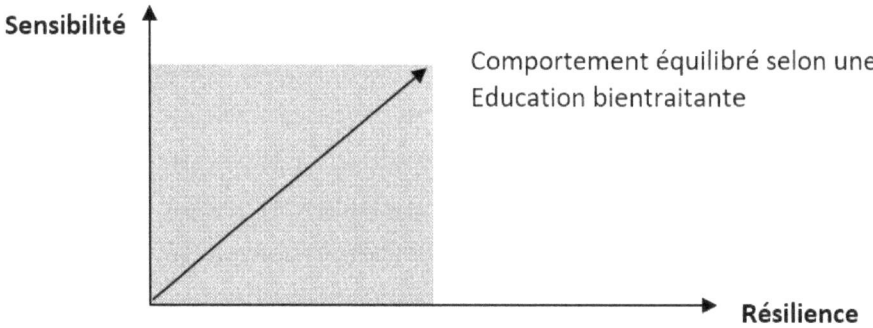

L'enfant qui grandit pour devenir un adulte équilibré sur le plan de la Sensibilité et de la Résilience, pourra affronter les « torrents » de la vie sans qu'ils ne le broient, tout en restant sensible à soi, aux autres et à ce monde.

---

[9] DAL PALU B., le Nœud Bo de Lacan, Paris, L'Harmattan, 2022, p 145.

Trop de sensibilité, ou un non-équilibre entre Sensibilité et Résilience, fait que le Sujet* est tellement impacté par ce qu'il ressent chez soi et l'autre qu'il n'arrive plus à s'ajuster. Ainsi, il s'agit de ne pas *« protéger l'enfant de tous les risques de la vie »* et de ne pas *«pourvoir à tous ses Désirs en lui évitant toute expérience stressante voire frustrante»*[10], comme le définit le concept de Résilience généralisée en EmètAnalyse, au risque de le voir s'effondrer au moindre « coup de vent » que la vie viendra souffler.

En consultation, bien souvent je reçois des parents qui veulent bien faire, tellement bien faire qu'ils souhaiteraient éviter la frustration et la tristesse à leur enfant, ceci d'autant plus qu'eux-mêmes ont été marqués par des évènements difficiles. Ils rentrent alors dans une spirale de recherche de « perfection éducative », qui leur met une forte pression pour « bien » faire et ne pas « mal » faire au point d'en être parfois paralysés et surchargés (source du burn-out parental).

Je leur rappelle alors qu'avoir des parents parfaits est très anxiogène pour un enfant : « Comment être à la hauteur de tels parents ? Après tout ce qu'ils ont fait pour moi, comment les décevoir ? » De plus, si les parents aimants n'aident pas leur enfant à surmonter les difficultés qu'il rencontre sur son chemin, la vie s'en chargera alors à sa manière, au risque que l'enfant se « casse ». Il s'agit donc de l'aider à développer cette capacité transformique* de « faire de ce qui pourrait paraître un problème, voire une catastrophe, une chance pour un avenir inattendu ». C'est ainsi qu'il pourra développer sa solidité.

C'est un sujet de société où de plus en plus de gens se disent ou se sentent « hypersensibles », ce qui amène une fragilité à faire face au Principe de réalité*, qui devient insupportable. Bien souvent alors, je les reçois en thérapie, dans cette optique de soutenir leur Résilience, de la développer ou de poser des protections pour que le Sujet ne soit pas « submergé » et puisse faire face, petit à petit.

---

[10] DAL PALU B., le Nœud Bo de Lacan, Paris, L'Harmattan, 2022, p 147.

PIÈGE N°1 : LA SURPROTECTION !

La famille connaît des bouleversements de repères ces quarante dernières années, avec un soutien intergénérationnel qui s'est éloigné, des situations familiales où les parents sont plus seuls et isolés qu'autrefois. La « *famille nucléaire* » est la base dans les sociétés occidentales modernes, là où ailleurs, une communauté plus large prend en charge l'enfant. Un proverbe africain dit « *il faut tout un village pour élever un enfant* » ! Ce rétrécissement du réseau communautaire et familial fragilise l'éducation avec un risque plus élevé en cas de perte de ces figures parentales moins nombreuses.

De plus, les liens sont fragiles dans les couples et les familles, des liens moins durables qu'auparavant. Pour Philippe Scialom, psychologue, « *le seul lien qui reste durable et sûr est celui qui relie l'enfant à sa mère* »[11] ou son parent, c'est pourquoi ce dernier est surinvesti. Le mouvement se fait donc vers la surprotection, pour contrebalancer « *la fragilité du lien et l'angoisse de perte* ». Ce mouvement favorise l'apparition de pathologies du lien ou pathologies de la dépendance, dominées par l'angoisse de séparation ou d'abandon. Ainsi les parents ont plus de difficultés à poser les limites, dans la crainte de faire souffrir l'enfant en le frustrant. Cela s'enracine dans une croyance qu'en mettant des limites, le « *lien d'amour qui unit* » risquerait d'être détérioré.

De plus, la société aujourd'hui est plus exposée aux images de violence et de traumatismes, qui favorisent l'anxiété et fragilisent la confiance dans le lien humain qui n'est alors plus un appui stable. Ceci favorise également le mouvement vers la surprotection.

---

[11] SCIALOM P., Pièges à parents, Broché, 2010

PIÈGE N°2 : ÊTRE UN PARENT PARFAIT !

Donald Winnicott, psychiatre psychanalyste des années 1980, parlait de "mère suffisamment bonne" pour son enfant, qui répondait à ses besoins lorsque son nouveau-né les exprimait. Mais elle laissait le nouveau-né s'exprimer (par ses pleurs qui sont un proto langage), ne répondait pas avant, n'anticipait pas tous ses besoins. Des parents parfaits sont des parents qui veulent être très bons, et non seulement suffisamment bons, faire tout pour que leur enfant aille bien, réussisse, ait tout ce qu'il lui faut, etc...

C'est là que se situe le piège !

Car être parent, **ça s'apprend** !

Commençons tout d'abord par faire déculpabiliser les parents ! Le parent parfait n'existe pas ! Le rôle de parent est à la fois la plus belle et la plus difficile mission qui soit ! En effet, notre responsabilité est immense et notre culpabilité aussi car ce que nous disons, faisons, proposons comme environnement, aura un impact sur le développement et la vie future de nos enfants. En voilà une sacrée pression ! Elle plonge bon nombre de parents dans une culpabilité constante de ne pas faire assez bien. Il s'agit donc, en tant que parent, d'être **ni parfait, ni mauvais** !

Arrêtez de culpabiliser ! La Perfection n'existe pas !

Soyez **Bientraitants** en ayant en tête ceci :

L'enfant se construit dans les manques et **le manque suscite le désir** (d'avancer, de grandir et d'apprendre). L'enfant qui n'a aucun manque n'a plus de désir et d'élan intérieur qui le pousse. De plus, en tant que parent, c'est un fantasme de croire pouvoir tout maîtriser, construire un homme comme on aimerait qu'il soit… et les enfants ne sont pas les nôtres. Ils sont ceux que la Vie nous confie pour les élever (au sens noble) et qu'ils nous dépassent.

A être des parents suffisamment bons, nous sommes suffisamment « c.. » ! Ce n'est donc pas si dramatique de faire quelques erreurs ! Un parent parfait n'est pas « dépassable », et l'enfant ne se sentira jamais « à la hauteur ». A l'adolescence notamment, l'ado a besoin de pouvoir sortir du cercle familial, de dépasser ses parents, de construire sa propre vie. Comment se poser en s'opposant avec de tels parents ? Comment être assez parfaits pour eux ? Est-ce possible d'oser les décevoir après tout ce qu'ils ont fait pour moi ? De même, des parents qui se sont sacrifiés pour leur enfant créent une dette impossible à rembourser, ce qui maintient l'ado ou le jeune adulte dans une culpabilité écrasante et donc dans une loyauté enfermante.

COMMENT SE SORTIR DE CES PIÈGES ?

Quelles sont les racines à la SURprotection ou du désir d'être un parent parfait ? Ce sont la peur, la culpabilité, la volonté de tout maîtriser, le fait que le parent place tout son désir dans son enfant (et organise toute sa vie autour).

Lorsque le parent est dans cette croyance, de pouvoir maîtriser tout ce qui pourrait arriver, cette toute puissance enferme l'enfant (comment advenir à moi-même quand je suis enfermé dans le désir de l'autre ?), et il y a un fort risque que l'enfant devienne lui aussi tout puissant, tyrannisé par son Désir car il aura toujours eu tout avant de le demander. Il finira par tyranniser ses parents : « *Je veux, je veux* » !! Le parent culpabilisera de ne pas donner plus et ne sera donc plus en mesure de tenir des limites ou un cadre (car *« qui est coupable n'est pas capable »*).

Pour sortir du piège de *« trop vouloir bien faire »*, il s'agit d'aider les parents à **réguler leur seuil d'alerte** à ce qui pourrait advenir : si leur seuil pour réagir à une souffrance de l'enfant est réglé trop bas, le risque est la surprotection et l'anticipation excessive qui amènerait une dépendance et empêcherait l'enfant de développer ses propres défenses ; si le seuil est trop élevé, cela mènerait à une conduite abandonnique aussi catastrophique. Une deuxième étape est de **favoriser les différenciations** : différencier amour et éducation, souvent confuses du fait de la peur des parents que leur enfant souffre ; différencier également en séparant psychiquement l'enfant de ses parents , comme inscrit plus haut : **Se séparer c'est grandir** ! (grandir pour l'enfant et pour le parent).

Expliquer la nuance entre des parents TROP bons et des parents suffisamment bons (donc suffisamment décevants) aide à sortir de la culpabilité et à s'approprier alors le tâtonnement nécessaire à l'éducation d'un enfant, de reprendre confiance en ses compétences de parents et dans les compétences de son enfant à se développer. Dans des situations où l'enfant a un trouble, ce dernier peut être amplifié par l'anxiété des parents. Ils ont alors souvent besoin d'aide (d'un Tiers extérieur) pour trouver la bonne distance, suffisamment rassurante, encourageante, tout en n'empiétant pas sur la nécessaire prise d'autonomie de l'enfant à gérer ou compenser son trouble. Le parent apprend alors à confronter son enfant à la Réalité, à le laisser prendre plus de risques, ce qui augmente sa Résilience.

Astuces au quotidien pour éduquer à la Résilience :

- Apprendre à l'enfant à jouer seul dans une pièce où le parent n'est pas. Le parent apprend donc à se retirer au fur et à mesure

- Apprendre à l'enfant à s'endormir seul. Pour le parent : mettre en place un rituel de coucher à la fois apaisant et limité dans le temps pour pouvoir se retirer, en ayant confiance que son enfant va trouver ses stratégies. Utiliser un objet transitionnel si besoin, qui symbolise la présence malgré l'absence, de type doudou pour les plus jeunes ou autre objet pour les plus grands.

- Les ados regardent des films d'horreur pour faire face à leurs peurs et les apprivoiser (C'est normal !).

- Favoriser les expériences différentes et variées : lire aux enfants des histoires différentes, lire des histoires de loup ou des contes pour apprivoiser les peurs, varier les lieux, expérimenter les séparations.

- Ne pas anticiper les besoins de l'enfant, le laisser expérimenter le manque et la demande, avant d'y répondre. Ne pas répondre au « tout, tout de suite ». Lui apprendre à attendre (« *je suis dispo dans 3 minutes, compte jusqu'à 10 et j'arrive, ça je le fais, par contre ça tu peux le faire par toi-même* » …).

- Face aux difficultés de la vie auxquelles l'enfant fait face (une maladie, un deuil, une perte…), ne pas le victimiser (« *le pauvre, c'est tellement dur pour lui… il ne va jamais s'en remettre …* »), mais l'accompagner (être à côté de lui) : « *Je suis avec toi, c'est difficile ce que tu vis et en même temps, que peux-tu apprendre à travers ces circonstances ?* ». Il s'agit de développer cette capacité à faire d'un mal un bien, comme le disait Nelson Mandela : « *Je ne perds jamais, soit je gagne, soit j'apprends !* » Ou comme le dit cette autre parole de l'EmètAnalyse : "*Toutes choses concourent au bien de ceux qui aiment la Vie*".

 au quotidien pour éduquer à la **Sensibilité** :

- Varier les expériences, développer la curiosité à travers la musique, l'Art, le sport, les sorties, les sciences… Aidons nos enfants à trouver leurs passions et leurs talents.

- Favoriser les relations humaines « en vrai » ! Arrêtons d'atomiser les neurones de nos enfants et de nos ados avec les écrans !

- Prendre le temps d'être ensemble, de partager les émotions, les ressentis, de voir que chacun voit et ressent différemment, développer cette prise de conscience de la différence et de sa richesse …

- Apprendre à s'exprimer en « je », à écouter, …

- Apprendre à reconnaître, nommer et gérer ses émotions.

Retrouvez le concept
Sensibilité
Résilience

Outil 4

POURQUOI NOS ENFANTS N'ONT-ILS PAS ENVIE ?

Face au contexte anxiogène, voulant éviter les échecs et conflits à leurs enfants, étant objet de leur désir qu'il ne faut pas abîmer, face à la personnalité affirmée de leurs enfants, bon nombre de parents baissent les bras. Ils cèdent sur les repas, l'heure du coucher, font à la place de leur enfant, les excusent ou encore leur soustraient les tâches quotidiennes. Or, pour devenir un adulte autonome, indépendant, équilibré, qui pourra développer son potentiel et prendre une place et des responsabilités, l'enfant doit comprendre que la vie «C'est exigeant» *« Il est irréaliste de croire à la possibilité d'une vie sans obligation. Etre au travail à l'heure, payer ses factures, rendre le rapport à son patron, sortir ses poubelles le jeudi… (…) Se soumettre à la contrainte fait partie de la vie. (…) Il est dans l'intérêt des enfants de faire cet apprentissage graduellement»*[12].

---

[12] HEBERT A. Etre parent, La boîte à outils, Québec, Editions de Mortagne, 2018, p105.

*L'EmètAnalyse apporte un outil très clair que je sors de mon chapeau d' « enseignante, Cheffe d'établissement, conférencière, thérapeute, formatrice » de nombreuses fois, chaque semaine, dans des contextes différents. A mon sens, c'est l'outil qui explique le mieux ce qui se passe dans notre société actuelle et c'est **LE Re-Père** qui permettra de remettre les enfants du XXIème siècle dans un équilibre psychologique constructif pour leur avenir : l'outil de l'EnVie.*

Voyant les comportements de parents et d'enfants partir à la dérive, j'ai construit une conférence sur les besoins des enfants, dans laquelle j'explique cet outil dès le départ de la conférence et je rappelle quels sont les besoins des enfants en fonction de leur âge, car les parents n'en ont plus l'idée. Manger, boire, dormir, aller à l'école, apprendre la politesse sont autant de réalités non négociables qui permettront de remettre le curseur au bon endroit pour être des adultes bientraitants avec les enfants.

En effet, L'EmètAnalyse distingue **Besoin*** (Principe de réalité) et **Désir*** (Principe de plaisir). Ces deux principes respectés assurent un équilibre psychique et conditionnent l'En-vie. C'est bien parce que nous respectons nos besoins et que nous tenons compte de nos désirs que nous avons En-Vie, que nous sommes **En-Vie**. Vivre uniquement dans le Désir, sans respecter nos besoins est mortifère, tout comme le fait de s'en tenir uniquement à nos besoins en mettant totalement de côté nos désirs, tue notre En-Vie. Il faut les deux : Besoin et Désir. Si un seul manque, l'En-vie est absente.

De plus, il faut savoir qu'en répondant à tous les « pourquoi » des enfants grâce à un clic sur Google, les parents tuent le désir d'apprendre. L'astuce : donner une partie de la réponse et renvoyer à l'école les autres éléments à apprendre. Beaucoup d'adultes ont mis la priorité sur le Principe de plaisir. L'école n'est clairement plus la priorité pour bon nombre de familles qui privilégient les loisirs et cumulent les journées d'absence pour prolonger les week-ends. Pourtant, aller à l'école est un Besoin. C'est indiscutable ! Les équipes enseignantes auront beau trouver toutes les astuces pédagogiques pour créer le désir d'apprendre, les parents doivent se montrer partenaires, mettre l'école dans le Principe de réalité et missionner leur enfant d'y aller pour apprendre. Didier Pleux fait l'hypothèse que *« plus l'adulte stimule son enfant dans le « plaisir », plus celui-ci a tendance à refuser les contraintes, les règles de vie, les… frustrations. Tous les parents sont tentés de tout faire pour le bonheur de leur enfant, mais ils tombent, sans s'en rendre compte, dans l'exagération de ce que j'ai appelé les « cinq S » : surstimulation, surconsommation, survalorisation, surproduction, surcommunication. La réalité devient un véritable « Club Med »*[13]. Ainsi, le psychologue clinicien parle à sa manière du Principe de réalité.

Si la liste des désirs ne pose aucun problème, celle des besoins reste à éclaircir en fonction de chaque âge.

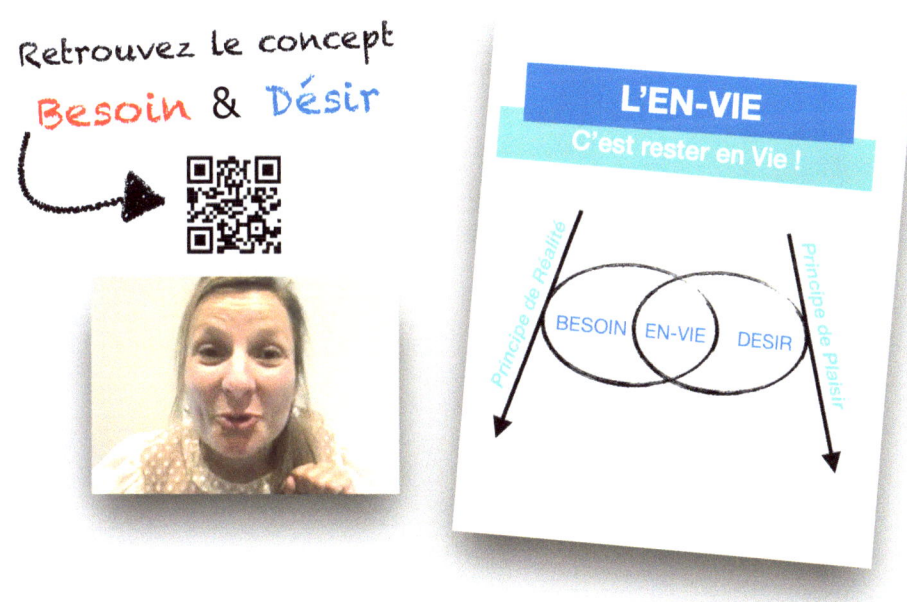

---

[13] PLEUX D., Les 10 commandements du bon sens éducatif, Paris, Odile Jacob, 2017, p110.

Outil 5

ETAPES POUR SE CONSTRUIRE :
LE TRAJET DU SUJET

Connaître les besoins en fonction de chaque âge, c'est aussi avoir une bonne connaissance du développement psychique du bébé à l'adulte. Le voici avec l'outil du **Trajet du Sujet** * développé par l'EmètAnalyse.

A chaque âge, des besoins, un enjeu psychique et une logique inconsciente se mettent en place. Enseigner cet outil aux parents et aux éducateurs est précieux pour qu'ils construisent leur posture bientraitante auprès des enfants dont ils s'occupent. Voici donc ces étapes de vie :

De la conception au langage

Notre parcours de vie se dessine en fonction de nos désirs, nos choix, nos rencontres mais il existe un «fil rouge» qui guide notre manière de voir, d'agir sur le monde et qui s'est tissé dès notre conception, bien avant que nous ne puissions utiliser le langage. L'EmètAnalyse nomme ce « fil rouge » : l'**Infans** avec l' En-deçà du Principe de plaisir*. Aujourd'hui, les recherches en neurosciences mettent en évidence que de la conception aux 2/3 ans de l'enfant (jusqu'à l'entrée dans le langage) se joue une *« période sensible de développement et de sécurisation qui contiennent les prémices de la santé et du bien-être de l'individu tout au long de sa vie »*[14]. L'Etat en prend toute la mesure en publiant un Rapport des 1000 premiers jours avec l'aide de 18 experts, en septembre 2020. Comment bien s'attacher et se sentir en sécurité ? Tel est l'enjeu des 1000 premiers jours de la vie. Ce qui se déroule lors de cette période et les liens tissés avec ses parents conditionneront le schéma de vie du Sujet. *« L'adulte est l'héritier de l'enfant qu'il a été »*[15] rappelle le rapport ministériel. Couramment nous entendons depuis plusieurs années : *« tout se joue avant 3 ans »*. L'EmètAnalyse complète : *« Tout se joue avant les 1000 premiers jours et peut se rejouer quand on veut »*, tel est l'intérêt du travail thérapeutique qui permet de relire son histoire afin de la relier autrement.

L'épigénétique quant à elle, explique que la construction de l'enfant est conditionnée par ce que sont les parents 9 mois avant la conception, les 9 mois de grossesse et les 9 premiers mois de la vie.

A l'inverse des animaux, le petit d'homme a besoin d'un Amour inconditionnel de la part d'un Maternant pour se sentir aimé et en sécurité,

---

[14] Ministère des Solidarités et de la Santé, Rapport de la commissions des 1000 premiers jours, septembre 2020, p 12.

[15] Ministère des Solidarités et de la Santé, Ibid., p 34.

garantie d'une bonne santé mentale. Les soins et l'hygiène ne suffisent pas au bébé. Il n'est pas sans rappeler la terrible expérience de l'Empereur Frédéric II, qui au XVIIIème siècle a fait priver des bébés d'interactions et d'affection, avec pour seule consigne d'assurer l'hygiène et les soins. L'Empereur était convaincu que les futurs enfants parleraient spontanément hébreu, grec ou latin, langue des origines. Les résultats n'ont pas eu les effets escomptés. L'absence précoce d'affection et d'attention ont altéré le développement cérébral normal des nouveaux-nés. Certains bébés se sont même laissés mourir.

Aussi, durant cette période de vie, l'infant intègre les quatre émotions de base (joie, peur, tristesse, colère). Son cerveau étant sur on/off (ce qui va dans le sens de la Vie ou ce qui ne va pas dans ce sens), il a besoin d'interagir avec son Maternant, les autres personnes autour de lui et son environnement. D'où l'importance de ne pas mettre un tout petit devant les écrans puisqu'ils n'interagissent pas avec lui.

Durant toute cette période, l'Infant rassure ses parents qu'il est bien vivant. Ce que l'EmètAnalyse nomme l'En-deçà du Principe de plaisir. Un bébé qui bouge dans le ventre de sa génitrice, qui pleure, qui crie est donc normal… même s'il met les nerfs de ses parents à fleur de peau !

Cette période de vie demande beaucoup d'énergie, de patience et d'organiser la vie autour de ce bébé qui est arrivé. Il faut accepter ce moment de vie certes fatiguant mais tellement riche de découvertes.

Du langage à la puberté

Vers 2/3 ans, une fois qu'il est en capacité d'utiliser le langage pour se faire comprendre et qu'il commence à marcher, l'Infant devient **Enfant**. Grâce au langage, il est en capacité de faire exister les personnes et les objets même s'ils ne sont pas présents. Parler et marcher, c'est découvrir le monde. A cette période de vie, le cerveau de l'enfant crée toutes les connexions synaptiques avec une facilité incroyable. C'est pourquoi, il est important d'aiguiser la curiosité des enfants, de les laisser manipuler, explorer, de développer leur sensibilité.

L'enfant n'a plus besoin d'être fusionnel avec son Maternant. Il est primordial, à ce stade de développement qu'il trouve un **Paternant** pour comprendre que dans la vie il y a un cadre, des règles, qu'il faut apprendre à tenir compte des autres et ne pas faire selon son Désir. L'enfant apprend qu'il ne peut pas rester dans la Toute-Puissance et user et abuser de l'autre. Devenir enfant, c'est apprendre à gérer la frustration : ne pas avoir tout, tout de suite ! Cette période de vie apprend à l'enfant le Principe de Réalité. Dans la vie, nous avons des besoins : dormir, manger, appartenir à un groupe avec ses règles de vie et de politesse, aller à l'école, apprendre. Et ce principe ne fait pas forcément plaisir. Il est pourtant essentiel et garant pour l'avenir de futurs adultes qui respectent les autres, le cadre et leur environnement. Durant cette période de vie, l'enfant apprend à être **Bon Objet** des adultes qui s'occupent de lui.

Alors que penser des enfants qui du haut de leur 4 ans, par exemple, refusent de ranger, décident de ce qu'ils veulent manger, font des crises face à un NON de l'adulte, tapent leurs parents, ne veulent pas dormir à l'heure prévue ?

De la puberté à la majorité

En EmètAnalyse, de la puberté aux 18 ans, c'est le temps de l'Adolescence. Jusqu'ici, la logique inconsciente de l'enfant était d'écouter ses parents et les adultes qui s'occupent de lui et qui savent ce qui est bon pour lui. A partir de l'apparition de la Puberté (aux alentours de 12 ans), c'est une toute autre logique qui s'applique : L'Ado apprend à **se poser dans la vie en s'opposant**. Avec l'arrivée de la puberté, les émotions sont à fleur de peau, le corps change, le cerveau continue à se construire en élaguant toutes les connexions synaptiques qui ne se sont pas faites pendant l'enfance. Tout ce qui n'a pas été appris petit demandera plus d'énergie, de temps et d'efforts.

Le raisonnement de l'adolescent change. Celui de ses parents doit donc évoluer aussi. Ils doivent être conscients du « sketch » qui se joue pour quelques années et accepter de monter sur scène pour ne pas se faire mal avec les mots. Ils ne doivent donc pas se laisser impressionner par les bourrasques d'un ado qui souffle, râle, fait l'inverse de ce qui est demandé, traine des pieds, se néglige ! L'ado lâche le père pour aller vers les pairs, d'où le sentiment d'être les parents les plus ringards de la Terre !

L' Adolescence ne doit pas être une crise mais bien une Brise, comme l'annonce Bruno Dal Palu : un vent qui souffle sur l'Enfance pour laisser place à l'âge adulte. S'il y a « crise", il faut consulter. L'ado ne rejette pas ses parents, il veut juste cesser d'être le Bon Objet qui fait les choses pour faire plaisir ou parce que ses parents le lui demandent. A l'apparition de la puberté, puisqu'il découvre la jouissance sexuelle, il quitte ce rôle-là pour écouter son Désir (le Principe de Plaisir) et fabriquer son personnage. Cette étape de vie est primordiale car elle lui permet de découvrir qui il est, d'apprendre à dire non et stop pour se faire respecter dans ses relations. Il a intégré le Principe de Réalité, durant l'enfance, à présent, l'enjeu de sa construction psychique est d'explorer le Principe de Plaisir. Les parents sont là pour être les garants du Principe de Réalité (dormir, manger, aller en classe, respecter les autres et le cadre,...) ! C'est pour cela que la période est difficile ! Et il faut tenir bon ! *« L'ado vient tester non seulement la fiabilité des parents mais aussi sa propre Résilience face à l'adversité »*, selon Bruno Dal Palu.

Continuons à faire râler et à faire souffler nos ados sur les tâches quotidiennes... sans qu'ils nous manquent de respect ! Plus ils râleront à la maison, moins ils auront besoin de s'opposer plus fort à l'extérieur (prendre des risques, se droguer, enfreindre les règles). Acceptez le sketch ! C'est plutôt le signe que votre "bébé" grandit bien ! Et vous ? Avez-vous fait votre Brise d'ado ? Avez-vous osé dire NON à vos parents ? Savez-vous écouter votre Désir pour savoir qui vous êtes ?

De la majorité à 25 ans

Une autre étape de vie est apparue dans notre culture occidentale notamment avec l'allongement des études : l'**Adulescence**. Même si votre progéniture a atteint sa majorité à 18 ans, ce n'est pas pour autant qu'elle est autonome dans la vie. Votre enfant devenu grand a encore besoin de vous pour terminer sa construction psychique. L'adolescent réapprend à tenir compte de l'autre. Il s'appose à côté de ses parents. Attention au piège : Comment partir de la maison lorsqu'on y est si bien ? Pourquoi prendre son indépendance quand papa et maman s'occupent du Principe de Réalité et rendent la vie si confortable ?

Alors à quel moment devient-on adulte ?

Je deviens Adulte à 25 ans !

25 ans, c'est l'âge où le cerveau a terminé sa maturation. Mais ce n'est pas suffisant ! Bruno Dal Palu explique : *« Etre adulte ce n'est pas un statut. C'est le résultat d'un processus d'autonomisation »*.

Et pour être **Adulte**, voici les 4 critères :

- Assumer son **identité sexuelle** quelqu'en soit le modèle.

- Etre **autonome psychologiquement ou affectivement** (est-ce que votre enfant vous demande de l'aide pour remplir ses documents administratifs ?)

- Etre **autonome financièrement** (plus besoin de coup de pouce ?).

- Etre bien évidemment **majeur** pour assumer ses responsabilités et aussi avoir **25 ans** (âge où la personnalité se stabilise)

Chaque étape de vie est importante à traverser selon son enjeu. Si une étape n'est pas vécue dans le respect de la maturation du cerveau, l'équilibre psychologique risque d'être abîmé.

L'objectif dans la vie est donc de devenir **Sujet** : Se soutenir de son Désir (l'apprentissage de la petite enfance et de l'Adolescence !) tout en tenant compte de l'autre (l'apprentissage de l'Enfance et de l'Adulescence !).

Cependant, si après 25 ans la plupart du temps nous obtenons des adultes, beaucoup d'adultes ne sont pas pour autant des Sujets. Or pour l'EmètAnalyse, l'objectif d'une vie est de devenir Sujet. Lequel se définit comme *« quelqu'un qui n'est pas quelconque et se soutient de son Désir tout en tenant compte de l'autre »*.

Voici ce que l'EmètAnalyse souhaite à chacun et ce vers quoi elle tend dans les accompagnements thérapeutiques. Cette finalité, c'est également ce que chaque parent souhaite pour son enfant : qu'il soit bien dans qui il est, tout en trouvant son épanouissement dans le monde dans lequel il évolue.

Vous retrouverez plus de détails sur chaque étape du Trajet du Sujet avec les Zooms que nous avons préparés dans une seconde partie du livre.

En résumé, le *Trajet du Sujet* c'est ça

INFANT
De la conception au langage
Les 1000 premiers jours de la vie

ENFANT
Du langage à la puberté
Le « Bon Objet » de ses parents

ADOLESCENT
De la puberté À la majorité
« Se pose en s'opposant »

ADULESCENT
De la majorité à 25 ans
« s'appose »

ADULTE
majorité 25 ans
Identité sexuelle
Autonomie psychologique
Indépendance financière

Outil 6

ALORS QUELLE AUTORITÉ
AUJOURD'HUI ?

Être Bientraitant, c'est se poser la question : Quelle autorité pour mon enfant ?

Le concept d'autorité a connu une évolution spectaculaire en quelques décennies, passant d'un excès d'autoritarisme avec son modèle familial patriarcal à un excès d'autorisations avec un système familial varié et changeant. Aujourd'hui, les parents sont désorientés, ne sachant plus quelle autorité avoir avec leurs enfants.

Faut-il conserver le modèle traditionnel qui modelait des enfants respectueux et capables de se tenir en société mais se retrouvant quelques années après dans les cabinets de psychologues et de thérapeutes à cause de carences affectives et de manque de confiance en eux ?

Au vu des outils partagés plus haut, vous comprenez que « *Rien n'est bon ni mauvais en soi. Tout dépend de l'usage que l'on en fait* »*. Il n'est pas question de passer du Tout au Rien, mais de comprendre que les outils de Bientraitance permettent d'être ajusté dans son rôle d'éducateur et de retrouver son bon sens.

En EmètAnalyse, l'Autorité bientraitante est un rapport entre l'Autorité de compétence et l'Autorité statutaire. En devenant parent, ce dernier a l'autorité parentale, donc légale sur ses enfants, mais n'agir qu'avec cette seule autorité revient à exercer de l'autoritarisme, qui est voué à l'échec éducatif dans notre XXIème siècle.

Eduquer un enfant demande d'apprendre et d'actualiser ses connaissances en fonction du monde dans lequel nous évoluons. Ceci s'appelle la compétence. Et elle va évoluer tout au long de la vie. Il s'agit de connaître l'enfant et d'exercer une autorité en fonction de son âge et de ses besoins, de façon bientraitante, c'est-à-dire en étant bienveillant tout en tenant compte de sa vulnérabilité.

> La **Bientraitance** se définit en quatre actions :
>
> - être en lien
>
> - écouter jusqu'à entendre
>
> - chercher à comprendre
>
> - soutenir.

Etre à l'écoute, empathique, dans le dialogue avec amour est nécessaire avec nos enfants. Continuons ! Toutefois, vous le comprenez depuis quelques pages, ajoutons d'autres actions à notre posture éducative : donner un cadre clair qui sécurise, dire NON, STOP en fonction de ce qui est bon à l'âge de chaque enfant. Dans une fratrie, c'est aussi ne pas faire "du même" selon les besoins de chaque âge. En fait, c'est être garant du Principe de Réalité et donc oser être à contre-courant du Principe de Plaisir dans lequel notre société nous conforte chaque jour.

Pour ceux qui aiment quand c'est synthétique : voici le **mathème* de l'Autorité**

$$\text{Autorité Bientraitante} = \frac{\text{Autorité de Compétence}}{\text{Autorité Statutaire}}$$

Et ce mathème explique qu'aimer ses enfants n'est pas que *inconditionnellement*

$$\text{Amour} \longrightarrow \frac{\text{Dimension Conditionnelle}}{\text{Dimension Inconditionnelle}} \quad \begin{array}{l}\text{Faire}\\[4pt]\text{Être}\end{array}$$

Outil 7

ET COMMENT SE FAIRE OBÉIR ?

Changement de point de vue n°1 :
Passer de l'Exigence à l'Attente !

L'autorité induit l'obéissance. Organiser l'éducation d'un enfant pour qu'il en passe par la phase de Bon objet (entre 3 et 12 ans : du langage à la puberté) induit également de l'obéissance. Mais comment se faire obéir avec justesse, sans tomber dans l'Exigence ? Comment doser les Sanctions ? Face au comportement exigeant des enfants, comment ne pas être exigeant en retour ? Comment gérer le comportement des enfants qui se positionnent en « mauvais objets » sans craquer ou sans rester « mou » (uniquement dans l'écoute, dans l'empathie) par peur de réveiller le dragon qui sommeille en nous ?

Sur ce point, l'EmètAnalyse guide le parcours de l'Education bientraitante avec la stratégie éducative : de l'Exigence à l'Attente. L'Exigence, c'est le tout, tout de suite, la satisfaction immédiate du Désir, donc la violence de la réponse. Si l'enfant ne fait pas ce qui est demandé tout de suite, que se passe-t-il ? Le couperet tombe ! Fessée, punition et cris entrent en scène. Ce n'est plus possible aujourd'hui, au risque d'être hors la loi. Voici une alternative bientraitante : l'**Attente**. Passer de l'Exigence à l'Attente, c'est introduire du temps. Il s'agit de donner du temps à l'enfant pour faire ce qui lui est demandé ou gérer ses émotions, et pour les parents, l'Attente consiste à introduire du temps dans leur réponse aux demandes des enfants, en ne répondant pas à tout, tout de suite.

Toutefois, le recours à l'Exigence reste nécessaire lorsqu'il y a un danger. Il s'agit d'expliquer à son enfant que dans ce cas seulement, il est urgent d'obtempérer.

Changement de point de vue n°2 :
Passer de la punition à la Sanction !

Pour cela, tout est dans l'art de passer de la punition à la sanction. La sanction est une conséquence à une règle définie au préalable avec l'enfant dans un cadre clairement donné. Elle peut être **positive** (qu'est-ce que l'enfant gagne lorsqu'il respecte la règle ?) ou **négative** (qu'est-ce qu'il perd s'il ne la respecte pas ?). Plus l'enfant est grand voire devient adolescent, plus ces règles doivent être co-construites avec lui.

La punition, quant à elle, est une peine infligée pour une faute. Elle répond au "Tout, Tout de suite". Elle fait mal car elle est bien souvent arbitraire donc culpabilisante, non connue à l'avance par l'enfant et décidée par les parents. La punition reste une réponse possible si l'enfant ne respecte pas la sanction négative; néanmoins, si l'on a recours trop souvent à la punition, c'est que la règle est à revoir. La répétition des punitions est à éviter au maximum, car plus l'enfant est puni, plus la violence s'installe dans la relation

A l'inverse, la sanction est une peine ou une récompense qu'une loi porte pour assurer son exécution. Elle donne un cadre à respecter, connu de tous, à l'avance. L'enfant sait à quoi s'attendre s'il ne respecte pas ce qui est convenu.

Sébastien vient consulter avec son fils Matéo de 14 ans, qui est très régulièrement puni. La relation entre eux se détériore et Sébastien ne sait plus comment faire : tout céder à Matéo ? Faire le gendarme tous les jours ? Nous travaillons alors à passer de la punition aux sanctions positives et négatives, en rapport avec les tâches quotidiennes à effectuer. Cela fonctionne plutôt bien jusqu'au jour où Matéo, en bon ado, teste les limites. Son père refuse qu'il sorte, alors il le fait quand même "en douce". Suite à cela, il est puni de téléphone. La relation redevient conflictuelle, Matéo ne fait plus aucune tâche. "A quoi bon", dit-il, "de toute manière je suis déjà puni !!". Je propose alors au père, en aparté, de mettre une limite de temps à la punition, ce qu'il fait. La relation entre Sébastien et Matéo s'apaise alors et le roulement quotidien des tâches reprend sens.

Par exemple, faire tomber le couperet en supprimant un écran lorsque la règle n'a pas été respectée, est nécessaire, mais seulement durant un temps donné. Car s'il est privé de tout sans échéance, l'ado n'a plus rien à perdre, il sera résigné. Il n'a alors plus aucune motivation pour changer son comportement.

N'oublions pas :
« J'accepte de changer si j'ai quelque chose à gagner ».

La sanction est pensée également en fonction de la logique du Trajet du Sujet, c'est à dire en fonction des besoins de chaque âge. Elle doit rester symbolique et ajustée, c'est à dire ni dans le "Tout" ni dans le "Rien".

Astuces

- Ayez **une Parole en or** ! Vous dites ce que vous faites et vous faites ce que vous dites !

- Appliquez la sanction (positive ou négative) qui était annoncée (sans culpabiliser !)

- Encouragez votre enfant quand ce qu'il fait est bien, et même lorsqu'il respecte la sanction négative.

- Distinguer ETRE et FAIRE : *« Je t'aime et pourtant, là, ton comportement n'est pas acceptable »*. L'amour parental a une dimension inconditionnelle dans l'ETRE, et une dimension conditionnelle dans le FAIRE.

- Mettre le focus sur le positif *« Ce que tu fais de mal ne m'intéresse pas. Ce qui m'intéresse est ce que tu fais de bien »*.

En résumé, de l'*Exigence* à *L'Attente*...

Les règles définies peuvent être en lien avec le temps d'écran autorisé par jour, et la manière de compter ce temps. Par exemple, un enfant autorisé à jouer 30 minutes le mercredi devra mettre un minuteur et arrêter lorsque celui-ci sonnera. S'il respecte cette règle, il aura une sanction positive, c'est-à-dire gagnera quelque chose qui l'intéresse défini à l'avance (par exemple un quart d'heure bonus pour le samedi). La sanction négative peut s'appliquer lorsque l'enfant ne respecte pas le timing et dépasse le temps prévu. Il perdra par exemple le quart d'heure bonus. S'il respecte la sanction, même négative (par exemple en acceptant de perdre sans faire une crise), les parents peuvent le féliciter. La punition peut être utilisée si l'enfant dépasse systématiquement la règle ou fait systématiquement une crise lors de la sanction négative (par exemple, elle pourrait consister en une privation d'écran pendant une semaine). Ainsi se met en place l'éducation à l'autorégulation dans l'utilisation des écrans par l'enfant.

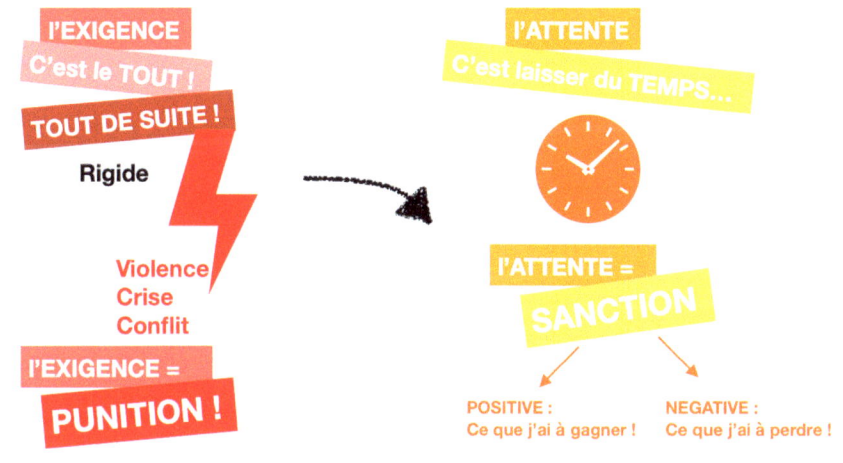

Et oui vous serez décevants !

Oui c'est fatigant !

Oui vos émotions vont être mises à rude épreuve.

Vous serez alors un véritable repère et un adulte fiable sur lequel votre enfant pourra compter.

Outil 8

LA STRATÉGIE ÉDUCATIVE POUR GÉRER LA FRUSTRATION !

GÉRER LA CRISE !

Les caprices n'existent pas, il s'agit bien souvent d'intolérance à la frustration. Ainsi, s'il y a frustration, il suffit de comprendre ce qui fait frustration.

La logique de la frustration est celle du "Tout, tout de suite " : comme l'enfant n'a pas tout ce qu'il veut, tout de suite, il ressent de la frustration. C'est le seul manque qui génère de la colère voire de la violence. Là, l'enfant vient également tester l'amour inconditionnel du parent, comme s'il partait du principe que *« puisque tu m'aimes, tu devrais faire tout ce que je veux »*.

Que faire en tant que parent face à la crise d'intolérance à la frustration de son enfant ou ado ? La tentation est de l'exposer à la privation :

« puisque tu réagis comme cela, tu n'auras rien !!! Privé de jeux vidéo jusqu'à nouvel ordre !! ».

La logique de la privation est le *« Rien »*; or l'enfant ou l'ado peut très bien être dans la résignation en disant *« même pas mal ! je n'en ai de toute manière pas besoin ! ».* Alors le parent n'a plus de prise, et il est, en plus, mis en place de gendarme : tant qu'on le voit, on respecte la règle et dès qu'il n'est plus là, on ne la respecte plus. Nous voyons bien que ce n'est pas très éducatif à moyen et long terme, car cela ne permet pas d'intérioriser l' auto-discipline.

De plus, tant que nous tournons dans les logiques du "Tout" ou "Rien", l'enfant (ou l'ado) garde le pouvoir, et nous tournons en rond !

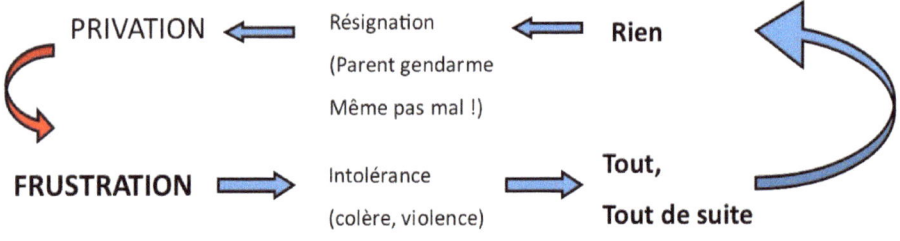

Alors comment en sortir ?

Il s'agit de passer du "Tout" au "Pas tout" et "Pas tout de suite". Pour cela, il faut **introduire du temps**, **apprendre à attendre**, du côté de l'enfant (et de l'ado), et du côté du parent.

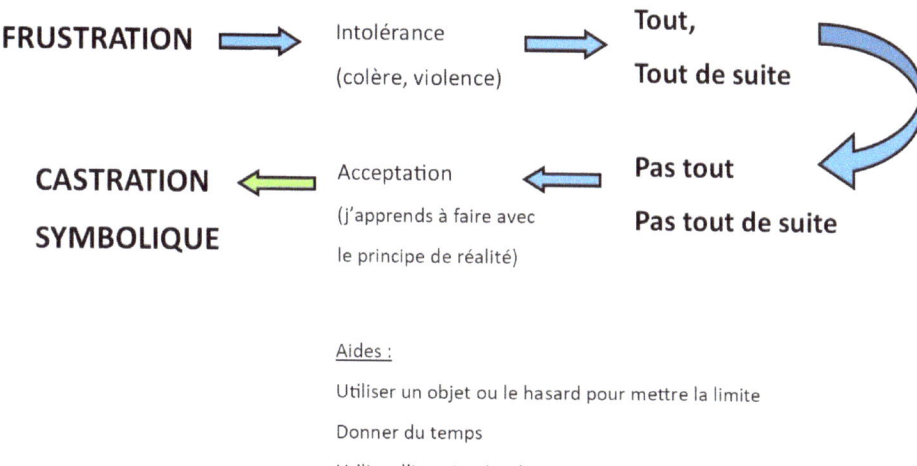

Aides :

Utiliser un objet ou le hasard pour mettre la limite

Donner du temps

Utiliser l'imagination (pense à ce que tu vas gagner ...)

Il s'agit de le faire passer par la "**castration symbolique**" (Françoise Dolto énonçait la Castration symboligène). Elle est symbolique dans le sens où il ne s'agit pas de "tout couper", mais "d'enlever un petit bout". Cela suffit pour ne plus être dans la toute puissance : je n'ai pas Tout, mais pas Rien non plus, j'ai presque Tout et c'est la vie, c'est ce qui me permet de **rester désirant**, de rentrer dans le lien social, les relations, en cherchant ce qui me manque autour de moi.

Lorsque l'enfant veut quelque chose, apprenons, dès petit, à ne pas lui donner tout de suite, mais à le faire attendre de manière adaptée et mesurée :

"je ne suis pas tout à fait disponible, compte jusqu'à 10 puis j'arrive"

ou "je mets le sablier d'une minute, et lorsqu'il sera terminé, ce sera le temps de l'histoire"

"je mets le timer sur 5 minutes, et quand il sonnera, je serai disponible"...

De même au niveau des demandes parentales :

"C'est bientôt l'heure de ranger le salon pour passer à table : je mets le timer sur 5 minutes, et quand cela sonnera il faudra que ce soit rangé"

ou pour éviter les bras de fer dès le matin : "tu as 10 minutes pour t'habiller seul, je mets le timer, quand cela sonnera on passera à table pour le petit déjeuner" (si le jeune enfant n'a pas tout à fait fini quand la sonnette retentit, je termine de lui mettre ses chaussettes et on va à table…).

2 Effets bénéfiques :

- Je donne du temps à mon enfant pour faire les choses, or **"le temps c'est de l'amour"** comme le chante Pascal Obispo : mon enfant se sent aimé lorsque je lui donne du temps. De même, se donner du temps pour soi est une manière de montrer que l'on s'aime.

- Ce n'est plus le parent qui donne la limite, avec le risque du test de l'amour inconditionnel qui rajoute des enjeux affectifs, mais c'est un **objet qui fait Tiers** (la sonnerie du timer), or il est difficile d'en vouloir à un objet !

Astuces

5 points pour aider face à la *frustration* :

- Eviter les frustrations inutiles (exigences parentales, violences éducatives ordinaires).

- Préparer l'enfant tôt à traverser la frustration, à passer du « Tout » au « pas tout, pas tout de suite », de quelques secondes quand il est tout petit (le temps de préparer le biberon ou le sein, par exemple…), à un temps plus grand proportionnellement à son âge.

- Donner l'exemple : entre parents, il s'agit de montrer un exemple vivant de non exigence ; j'accepte que le conjoint fasse à sa manière, je lui laisse du temps pour cela.

- Valider son droit de demander : l'enfant a le droit de tout demander, par contre il n'est pas obligé de tout recevoir (C'est comme cela qu'il entre dans le langage) « *Tu as raison de demander* ».

- En contournant l'objection de l'enfant et en lui donnant un délai d'exécution.

GÉRER LES ÉMOTIONS !

A quoi nos émotions servent-elles ?

Eduquer son enfant, c'est aussi apprendre à accueillir et à décrypter les émotions qui émergent. En effet, chaque émotion a un intérêt et une fonction. Elle vient délivrer un message, comme un signal sur le tableau de bord d'une voiture. En écoutant ce message, l'émotion s'en trouve apaisée. De même que lorsque le signal « manque d'huile » s'allume sur le tableau de bord, si le conducteur en tient compte, s'arrête et remet de l'huile, le signal s'éteint.

Notre cerveau exprime donc quatre émotions : la peur, la colère, la tristesse et la joie.

Quel est le message de chacune ?

La **peur** sert à se protéger ; le débordement émotionnel de la peur, à savoir être terrorisé, est lui, délétère.

La **colère** sert à se faire respecter ; elle est nécessaire pour poser des limites, dire stop. Par contre son débordement qui commence avec l'énervement, est à éviter.

La **tristesse** sert à exprimer une perte ; en revanche, des éternels sanglots empêchent l'autre de comprendre le message.

La **joie** sert à partager ; cependant il est difficile d'être en lien avec une personne qui serait dans l'hilarité permanente.

Ainsi, l'émotion est à accueillir, et le débordement émotionnel à éviter.

```
- colère      → se faire respecter    # s'énerver
- peur        → se protéger           # être terrorisé
- tristesse   → exprimer la perte     # pleurer
- joie        → partager              # être dans l'hilarité
```

Comme l'adulte est l'exemple vivant des enfants, il doit donc gérer ses émotions sans débordement émotionnel. Pour cela, il doit apprendre à gérer ses rackets émotionnels, notamment la colère. Un racket émotionnel est lorsque la personne exprime une émotion permise à la place d'une émotion refoulée, interdite ; ainsi certains ont appris à pleurer lorsqu'ils ressentent de la colère, ou à rire face à une grande tristesse, car cela était plus acceptable dans leur famille. Ce décalage émotionnel rend les messages envers le jeune enfant peu clairs, voire paradoxaux et l'empêche de s'ajuster émotionnellement.

Apprendre à être parent, c'est donc apprendre à apprivoiser et à ajuster ses émotions.

Le langage émotionnel n'est pas toujours facile à comprendre, et pas toujours signe de sincérité de l'enfant. Il faut donc du tact pour gérer les débordements. Si l'enfant a des débordements émotionnels après 3 ans, c'est que dans les 1000 premiers jours, on ne lui a pas appris à gérer ses émotions notamment par l'effet de la Parole.

Justement, revenons quelques instants sur cette période de vie déterminante pour l'intégration des émotions. L'Infant comprend le langage émotionnel (géré dans le cerveau par le système limbique), et il y est très sensible. C'est donc un des grands enjeux des 1000 premiers jours : apprendre le langage émotionnel.

Astuces pour **aider** le jeune enfant à gérer ses *émotions*

- L'exemplarité des parents

- La co-lecture d'un livre sur les émotions

- Faire des câlins : la tendresse est une barrière émotionnelle, elle a un effet sur la maturation du cerveau ; dans les bras, l'enfant se sent contenu dans ses émotions. D'abord faire un câlin (contient l'angoisse et débordement émotionnel), puis discuter (mettre des mots).

Si la Parole barre la jouissance émotionnelle, la parlotte l'aggrave. Ainsi si l'on répète plus de deux fois à l'enfant une même consigne, au bout de la troisième fois l'adulte se disqualifie, il n'a plus d'effet de Parole. "Je dis les choses une fois, deux fois, à la troisième il y aura une conséquence (sanction négative)"

Ce qui est naturel, c'est de faire des bêtises.

Ce qui est culturel, c'est de ne pas en faire.

On devrait féliciter tous les jours les enfants
~~pour les bêtises qu'ils ne font pas~~ tout ce qu'ils font de bien.

Si l'on ne pointe que le négatif, l'enfant comprend que pour attirer l'attention, il faut faire des bêtises. Ce mécanisme le place en Mauvais Objet, l'inverse de ce qu'il lui faut pour se construire.

Outil 9

COMMENT GÉRER LA FRATRIE ?

Piège n°1 : La famille *parfaite* n'existe pas !

Oubliez l'ambiance zen à toute épreuve ! Grandir au sein d'une fratrie bouscule chacun. Ce n'est pas toujours confortable. Et tant mieux ! La fratrie, c'est une chance pour explorer la vie et apprendre à devenir résilient. En effet, trouver sa place, ne pas avoir l'exclusivité du parent, être parfois malmené par l'autre, vivre des conflits, attendre son tour, sont autant d'occasions de devenir solide pour ne pas s'écrouler plus tard dans la vie. Votre enfant apprend à faire avec le Principe de Réalité et à tenir compte de l'autre.

Et en cas de conflit dans la fratrie ? L'astuce est de ne pas intervenir tout de suite en parent Sauveteur*, en cherchant à rétablir la justice à tout prix, celui qui a commencé, celui qui a tort et en punissant celui qui a fait une victime ou des dégâts collatéraux. Laissez vos enfants ne pas être d'accord, laissez-les trouver leurs propres solutions tout en étant garants du respect (tant dans les mots que physiquement).

Piège n°2 : C'est pareil pour tout le monde !

Par souci d'égalité, la tendance est de vouloir faire « du même » avec toute la fratrie pour éviter les jalousies. D'ailleurs les enfants seront les premiers à pointer du doigt les dysfonctionnements et les différences, ce qui fera vaciller les bases de votre autorité.

Or, c'est en voulant exercer une justice égalitaire en toutes circonstances que nous créons de la jalousie et de la violence. Parce qu'ils n'ont pas le même âge et les mêmes besoins, il convient d'appliquer une justice équitable, distributive, en fonction des possibles de chacun. Il y a donc à la fois du "Même" et du "Différent".

Voici quelques exemples récurrents du quotidien. Les plus petits vont s'insurger d'aller se coucher avant leur frère qui est un ado : « Pourquoi il a le droit de rester regarder un film avec les parents ?», « Et pourquoi lui il a un téléphone et pas moi ? ». Tout comme l'ado qui tentera le sketch de : « C'est bon, maintenant je suis plus grand, je peux sortir !» Et bien, là encore, en fonction de son âge, des limites seront à poser. S'il explore tous les possibles à 14 ans, que fera-t-il à 18 ans ?

Gérer la fratrie demande d'avoir en tête le concept des 3 justices proposé par l'EmètAnalyse.

Appliquez une justice égalitaire : Chacun participe aux tâches quotidiennes dans la maison, par exemple. Et en même temps, ajoutez une justice distributive (ou Différenciaire). Chacun le fait selon son âge et ses possibles (C'est ça être bientraitant).

Et parfois, c'est la loi qui tranchera : la justice légale (ou Règlementaire). C'est elle qui fixe les règles, qui donne le cadre de référence et qui construit le lien social.

Parce qu'il a 15 ans, l'adolescent acquiert la majorité sexuelle. Il devient donc responsable devant la loi, de son corps et de ce qu'il en fait.

A 18 ans, il sera légalement responsable de ses choix et de ses actes.

Ne pas faire "du même", c'est donner l'envie de grandir et c'est respecter les étapes de construction de chaque âge. Ce qui peut être bientraitant pour un enfant ne l'est pas forcément pour l'autre.

Ainsi, pour être ajusté, il s'agit de nouer ces 3 justices (la justice règlementaire, la justice égalitaire et la justice différenciaire), comme le montre le schéma de la page suivante.

Être juste avec ses enfants,
c'est prendre le risque de décevoir.

L'EmètAnalyse montre l'équilibre entre les **3 justices** de cette manière

L'Equité n'est pas l'égalité
Elle est le nouage de 3 justices

ÉGALITAIRE
Développe
la jalousie*

EQUITÉ

DIFFÉRENCIAIRE
Développe
les inégalités*

RÉGLEMENTAIRE
Développe
le légalisme*

* Dès lors qu'il y a un primat ce n'est plus ajusté

Outil 10

ET DANS LES FAMILLES RECOMPOSÉES ?

l' Autorité ça se passe comment ?

La règle de base à respecter :

"Chacun s'occupe de son enfant".

Si le beau-père veut faire l'éducation de l'enfant qui n'est pas le sien, cela fait exister symboliquement le père et donc suscite la résistance immédiate de l'enfant qui est alors en conflit de loyauté : « *Si je fais ce que veut mon beau-père, ne vais-je pas trahir mon père ?"*. De même pour la belle-mère. L'enfant (et l'ado) pourra alors lui répondre très justement *« tu n'es pas ma mère !! »* Chacun sa place, et si l'un prend une place qui n'est pas la sienne, cela déplace tous les autres et le système familial dysfonctionne !

Lorsqu'il y a des enfants en commun, l'ex-conjoint demeure parent. Il faut lui conserver cette place symbolique dans la famille recomposée, dans l'intérêt de l'enfant : ne pas la disqualifier (par exemple lorsque le beau-parent veut occuper cette place), ni la discréditer (par exemple en critiquant l'autre parent devant l'enfant).

Tim a 14 ans, il vit une semaine sur deux chez son père et sa belle-mère, en garde alternée. Son père travaille beaucoup, et donc c'est sa belle-mère qui gère le quotidien. Il ne la supporte pas, au point qu'il a décidé de finalement vivre tout le temps chez sa mère. Son père est malheureux, se posant même la question d'une séparation, comme s'il devait choisir entre sa compagne et son fils ... J'ai travaillé avec le père afin qu'il puisse reprendre sa place de père, responsable de l'éducation de son fils (il avait tendance à se défausser et à laisser sa compagne gérer). Il a appris à définir avec son fils les règles de vie et les sanctions associées. J'ai travaillé également avec la belle-mère, qui constate maintenant au quotidien le respect ou non respect de ces règles et en informe son conjoint le soir. C'est alors lui qui reprend son fils si besoin. En parallèle, le père à recommencé à prendre régulièrement du temps seul avec son fils, afin de re-créer et d'entretenir du lien.

Chaque parent est d'abord Maternant avec son enfant, pour ensuite pouvoir poser le cadre nécessaire en tant que Paternant. Etre Maternant implique d'avoir et d'entretenir un lien de complicité, dans la présence (par exemple en ayant des temps de qualité réguliers, juste entre le parent et son enfant).

Lorsque le parent est absent, il délègue au beau-parent présent l'autorité quotidienne, c'est-à-dire le respect des règles définies préalablement. Mais c'est le parent qui définit avec son enfant (ou ado) ces règles et les sanctions positives et négatives qui y sont assorties. C'est également lui qui intervient si une punition est nécessaire. Les grandes discussions autour de l'orientation et des projets de vie se font également entre le parent et son enfant.

Il est donc important que le parent impose le respect des règles qui concernent la vie familiale (heure des repas, tâches, le respect des lieux collectifs…). Il est aussi primordial qu'il impose le respect de son nouveau conjoint auprès de ses enfants : l'enfant (ou l'ado) n'est pas obligé d'aimer son beau-parent, mais il doit le respecter. Pour être cohérent, cela implique que le parent lui-même montre l'exemple et respecte son nouveau conjoint (sans le disqualifier !).

Nathalie a un enfant de 8 ans et un ado de 13 ans qui vivent au quotidien avec elle. Son conjoint, quant à lui, a un enfant de 10 ans et deux ados de 14 et 16 ans qui sont avec eux une semaine sur deux. Nathalie aurait rêvé qu'ils forment ensemble une grande et belle famille. La déception est grande ! C'est compliqué entre son ado et son conjoint. La gestion des fratries est un sujet de discorde dans le couple car ils n'ont pas la même façon de voir les choses, notamment par rapport à l'utilisation des écrans. Nous avons travaillé à accepter que chaque conjoint a sa famille, les temps ensemble sont donc multiples et c'est OK de ne pas être tout le temps tous ensemble. C'est également OK que les règles soient différentes selon les fratries (et la vision de l'éducation de chacun des parents pour ses enfants) et selon les besoins de chacun selon son âge et sa personnalité. Autoriser l'autre conjoint à faire à sa manière avec ses enfants reste un défi au quotidien, et en même temps cela a amené une pacification des relations : je ne suis pas obligé d'aimer l'autre (mon beau-frère, ma belle-soeur, mon beau-fils, ma belle-mère …), mais je dois le respecter.

Dans les familles recomposées, il faut d'autant plus favoriser les différences, et ne pas vouloir faire que du même. Le concept des 3 justices vu précédemment s'avère particulièrement adapté pour cela !

Enfin, dans l'intérêt ou sur demande de l'enfant, les modalités de garde peuvent être discutées et/ou modifiées lorsque l'enfant grandit. Il est important de rester ouvert sur ce sujet pour éviter que cela devienne un enjeu d'opposition notamment à l'adolescence.

A partir de maintenant,

ZOOM SUR CHAQUE ÉTAPE DE VIE

Ces parties vont reformuler ce qui était succinctement mentionné dans le trajet du Sujet, en approfondissant les concepts.

Alors vous prenez ce dont vous avez besoin, selon l'âge de votre enfant...

Zoom 1

SUR LA PETITE ENFANCE

 ## DE LA CONCEPTION AU LANGAGE

En EmètAnalyse, cette période de la petite enfance est appelée **Infans** (l'infant est celui qui ne parle pas), elle va de la conception à l'entrée dans le langage, plus ou moins autour des 3 ans.

La construction psychique commence avant même la naissance, dès la dimension fœtale, autour du quatrième mois lors des premières interactions.

L'infant fait une première expérience in utero : en bougeant, il rassure sa mère sur le fait qu'il est bien vivant. Il va y avoir une interaction entre son comportement et le psychisme de sa mère, et cela fait sens. Ainsi, ce n'est pas le parent qui rassure l'infant, mais l'infant qui rassure sa mère. La relation va se fonder sur cette expérience première. Cela va déterminer la toute-puissance de l'infant, qui croit qu'il a du pouvoir sur sa mère. Quand il naît, l'infant fait une deuxième expérience : il se met à pleurer, et alors il rassure son parent.

Ainsi l'EmètAnalyse définit « l'En Deçà du Principe de plaisir » qui est ce principe organisateur de la vie psychique : l'Infant (puis l'enfant) cherche à rassurer ses parents. Dans la petite enfance, cela s'exprime par certains pleurs, notamment la nuit, où le tout-petit cherche à rassurer ses parents qu'il est bien vivant. Ainsi les pleurs sont un protolangage, même s'ils sont difficiles à interpréter ; ils ne sont pas forcément synonymes de souffrance. Ces pleurs pour rassurer son parent qu'il est bien en vie sont aussi liés à l'anxiété d'un des parents, qui a peur que son enfant décède comme cela peut se passer lors d'une mort subite du nourrisson, ou qui est sujet à une forte anxiété liée notamment à la mort : fausse couche vécue précédemment, mort du bébé d'un proche.

Lors de sa première grossesse, Elsa était en cours de préparation à l'accouchement avec une amie, qui a finalement perdu son bébé dans les derniers mois de grossesse. Cette mort l'a fortement marquée face à son propre bébé qu'elle ne supportait pas de voir pleurer. Ainsi elle faisait tout pour qu'il ne pleure pas, en anticipant ses moindres besoins. Il était très agité le soir et n'a pas fait ses nuits avant deux ans et demi. Elsa vient maintenant consulter avec son fils de 6 ans, qui ne supporte pas la frustration, ne sait pas attendre et n'a pas appris à développer des stratégies pour formuler ses demandes (comme on ne le laissait jamais pleurer pour expérimenter la demande, l'attente puis la satisfaction du besoin). S'étant senti en échec de pouvoir rassurer ses parents pendant la petite enfance, il a également du mal maintenant, à 6 ans, à se positionner comme « bon objet », avec une tendance à tester sans fin les limites et à faire des « bêtises ».

Il est facile de voir que les situations peuvent s'envenimer lorsque le bébé pleure pour chercher à rassurer ses parents qu'il est bien vivant : les parents, face à ces pleurs qu'ils prennent comme une souffrance, se retrouvent démunis et deviennent très anxieux, le bébé ressent cette anxiété et cherche encore plus fortement à les rassurer en pleurant, etc…

Ainsi, en thérapie de nourrisson, le thérapeute travaille à ajuster le maternant au niveau de ses émotions, dans une cohérence cognitif/émotions, notamment en travaillant autour des pleurs et de l'En Deçà du Principe de plaisir. Lorsque le Maternant s'est ajusté, il prend le bébé dans ses bras et communique son ajustement émotionnel, ce qui a pour effet de calmer le bébé. Le Maternant reproduira alors cela la nuit lors de ces pleurs : *« Merci de me rassurer que tu es bien en Vie »*.

L'Infant comprend tout ce que l'on dit mais de manière binaire (on, off) : ce qui va dans le sens de la vie, et ce qui ne va pas dans le sens de la vie. Il comprend ce que le Maternant ressent, il est comme « branché » sur son langage émotionnel, et si l'adulte n'est pas ajusté, le bébé pleure. A l'inverse, si l'adulte est calé sur le plan cognitif et émotionnel, cela a un effet sur l'Infant, et alors il change de comportement.

Un nouveau regard sur le cerveau du bébé

La manière de considérer le jeune enfant de moins de trois ans a considérablement évolué ces trente dernières années, avec le développement des neurosciences, et des techniques d'imagerie médicale. Alors que précédemment le cerveau du nouveau-né pouvait être considéré comme une « boîte » vide à remplir, il s'avère au contraire que le cerveau du jeune enfant a 3,5 fois plus de capacités cognitives que le cerveau adulte : 1 millions de milliards de connexions synaptiques ! C'est une véritable « ruche » en perpétuel changement, d'un potentiel inouï !

- **La plasticité cérébrale : grande opportunité et grande vulnérabilité**

Durant les premières années, le cerveau se façonne au gré des connexions synaptiques, qui se font en fonction des expériences internes et externes liées aux interactions avec l'adulte et l'environnement. Aux extrémités de chaque neurone se trouvent les synapses, qui servent à la communication entre les neurones, à l'aide de neurotransmetteurs. Les synapses commencent à se former dans le ventre de la mère et leur nombre augmente de façon extrêmement rapide dès la naissance : 700 à 1000 connections par seconde se créent pendant les 5 premières années de la vie !

Petit à petit le cerveau se spécialise dans les connexions les plus souvent utilisées, qui se renforcent, les autres étant élaguées, comme le sont les branches d'un arbre : les plus nécessaires sont gardées et les autres émondées ; ce phénomène s'appelle l'élagage synaptique. Chaque interaction que vit le jeune enfant laisse une trace vécue en connectant des neurones et façonnant son cerveau, qui a une grande souplesse appelée plasticité cérébrale. Ainsi grandir, c'est passer de 1 millions de milliards de synapses à 300 000 milliards, cela passe donc par le fait de perdre deux tiers de ses possibilités et de se spécialiser dans le tiers restant : l'enfant devient spécialiste de la langue, de la culture et des comportements qu'il a régulièrement perçu et reproduit. Le cerveau ne conserve donc pas forcément les connexions des meilleures expériences, il conserve les connexions des expériences les plus fréquentes. Ainsi lors de cette période de la petite enfance, il est donc extrêmement important de nourrir le cerveau de l'enfant en multipliant les interactions et en le laissant explorer le monde. Un manque d'étayage et d'interaction entre l'adulte et le jeune enfant est lourd de conséquence et risque de fragiliser les fondations de l'intelligence du futur adulte qu'il sera.

- **Un bain de langage**

Il est extraordinaire de voir que 86 à 98% des mots utilisés par les enfants à 3 ans proviennent directement du vocabulaire de leurs parents.

Plusieurs études montrent que, non seulement les mots sont identiques à ceux de leurs parents, mais le nombre de mots utilisés, la longueur et le style des conversations sont également les mêmes.

A 9 mois, le cerveau de l'enfant réagit encore à tous les sons de toutes les langues du monde qui lui sont présentées. Mais à 12 mois, le cerveau humain ne réagit plus qu'aux sons de la langue de son environnement.

Ainsi, il est primordial de placer le jeune enfant dans un bain de langage, dans la langue maternelle mais également, comme le préconise Bruno Dal Palu, dans plusieurs langues lorsque les parents sont de langues différentes : chacun parle au jeune enfant dans sa langue maternelle.

interactions, lien d'attachement & sécurité
des bases pour le jeune enfant

- **Interactions précoces, in utéro et durant les premiers mois de la vie**

Voyons ce que nous disent les études psychologiques sur ces premières interactions entre le fœtus puis le nourrisson avec son environnement.

Les premières interactions ont lieu entre le fœtus et sa mère, in utéro. Le fœtus est plongé dans un bain sensoriel. Les modalités sensorielles se mettent en place au fur et à mesure de la gestation : l'audition apparait vers le cinquième mois de grossesse, le fœtus est sensible au toucher dès la septième semaine et son système somesthésique (système sensoriel) s'achève au sixième mois. Le système vestibulaire (sensation de mouvement et d'équilibre construit dans l'oreille interne) commence à se mettre en place au quatrième mois. Les sensibilités tactiles et vestibulaires du fœtus sont liées en fin de gestation.

Le système olfactif fonctionne à partir de la huitième semaine de grossesse et le système gustatif se met en place à partir de la douzième. Les deux systèmes sont étroitement liés. Dans l'utérus, le petit goûte et se familiarise avec le liquide amniotique. Selon B. Cyrulnik, la mère « *parfume son liquide amniotique avec son propre corps* »[16] et avec son propre environnement olfactif. Cela permet au bébé qui naît de reconnaître sa mère, par son odeur. Les différentes sensations perçues in utero s'inscrivent dans la mémoire neurologique du fœtus, et lui permettent d'avoir des repères après la naissance. Ces repères olfactifs, gustatifs et vocaux vis-à-vis de la mère peuvent favoriser le lien d'attachement à la naissance. « *Les bébés sont compétents bien avant de naître. Ils sont équipés d'une organisation neuropsychologique qui les rend aptes, avant toute expérience, avant tout apprentissage, à percevoir, traiter et structurer les informations venues de leur environnement*»[17]. Lorsque le bébé naît, il a déjà une histoire sensorielle intra-utérine, avec des premières expériences tactiles qui constituent une première enveloppe sécurisante.

La relation du nouveau-né avec son entourage est à double sens : le bébé est totalement dépendant de ses parents et soumis à leur influence, mais il entraîne également chez eux des modifications et du changement. S. Lebovici, P. Mazet et J-P Visier[18] ont défini trois niveaux d'interactions précoces entre le bébé et sa mère : les interactions comportementales, affectives et fantasmatiques.

---

[16] CYRULNIK B., Les nourritures affectives. Odile Jacob, 2000

[17] CYRULNIK B., Sous le signe du lien –Une histoire naturelle de *l'attachement*. Hachette Pluriel, 1989

[18] LEBOVICI S., MAZET Ph. et VISIER J-P., L'évaluation des interactions précoces entre le bébé et ses partenaires, Eshel, 1989

Les interactions comportementales désignent l'accordage entre les comportements de la mère et du bébé. Ces échanges peuvent être observés dans les registres corporel, visuel et vocal. Le toucher y a une place privilégiée. Leboyer dit : « *Chez les bébés, la peau prime tout. Elle est le premier sens. C'est elle qui sait.* »[19]. Pour parler de l'importance du toucher entre la mère et l'enfant dans les premiers jours et mois de vie, A. Montagu rajoute : « *Le besoin d'une stimulation tactile tendre est un besoin primaire qui doit être satisfait pour que le bébé se développe et devienne un être humain sain et équilibré* »[20]. Ces interactions comportementales vont être un support aux relations affectives.

Dans les interactions affectives, grâce à une sensibilité accrue, la mère ou le Maternant va pouvoir percevoir l'état émotionnel de son enfant et « *proposer une interprétation en lui prêtant sa psyché* »[21]. D. Stein parle « *d'accordage affectif* »[22], où la mère reprend les affects de l'enfant et les traduit dans une autre modalité de comportement. Cela permet à l'enfant de prendre conscience de ses états affectifs et émotionnels et du fait que ceux-ci sont transmissibles. C'est une communication intime à travers des mots mais aussi le corps avec le tonus musculaire. H. Wallon a mis en évidence le lien entre le tonus et les émotions, et il parle de dialogue tonico-émotionnel.

Les interactions imaginaires et fantasmatiques parlent de la façon dont la vie psychique du bébé et celle de la maman interagissent de façon consciente (interactions imaginaires), et inconsciente (interactions fantasmatiques). La vie imaginaire et fantasmatique des parents est liée à leur histoire, leur enfance, leur vie affective et à leur relation à leurs propres images parentales.

---

[19] LEBOYER. SHANTALA F. Un art traditionnel : le massage des enfants. Seuil, 1976

[20] MONTAGU A., La peau et le toucher. Un premier langage, Seuil, 1979

[21] JEGOU S., Les liens d'attachement : un tremplin pour la vie. Regard singulier du psychomotricien en Protection Maternelle et Infantile. Médecine humaine et pathologie, 2014

[22] STERN D.N., Le monde interpersonnel du nourrisson. Une perspective psychanalytique et développementale, P.U.F., Coll. Le fil rouge, 1989

De son côté, D.W. Winnicott parle de « *mère suffisamment bonne* » ou « *mère ordinaire normalement dévouée* »[23] pour qualifier la mère qui au-delà des soins, permet à son enfant de recevoir des stimulations, ni trop ni trop peu, ce qui le structure et le narcissise (lui apporte une confiance en soi fondamentale). Pour cela, elle intervient dans la maturation en lui offrant un environnement suffisamment bon, dépendant de trois aspects : le holding, le handling et l'object-presenting. B. Dal Palu ajoute que ce n'est pas dévolu à la seule mère, mais au Maternant, qui peut être le papa ou même un professionnel.

Le holding ou « maintien » est un maintien physique et psychique, la manière dont l'enfant est porté et tenu. Dans un portage de qualité, le maternant soutient son enfant et lui donne une contenance chaleureuse. C'est une relation physique et affective, « *une première forme d'amour qui donne au bébé le sentiment continu d'exister* »[24], et de se sentir comme une unité différenciée.

Le handling ou « *maniement* » désigne les soins corporels donnés à l'enfant, soins physiques et utilitaires comme le change, le bain, l'habillage, mais aussi soins affectifs comme les câlins et les bisous. C'est la façon dont l'enfant est touché. La qualité du handling se définit par la répétition des soins quotidiens, il permet à l'enfant d'acquérir le sentiment d'habiter son corps et d'y être vivant, ce qui construit la relation soma-psyché.

L'object presenting ou « *présentation de l'objet* », désigne la capacité du maternant à mettre à disposition de son bébé un objet physique ou psychique au bon moment. « *Il vit alors l'illusion de se croire lui-même créateur de l'objet* »[25].

---

[23] WINNICOTT D.W., Le bébé et sa mère, Payot, 1992

[24] JULIEN E., Penser le lien pour mieux le panser : vers un attachement sécure : la thérapie psychomotrice auprès du tout petit ayant subi un vécu traumatique et des failles interactionnelles précoces. Médecine humaine et pathologie, 2017

[25] JULIEN E.

Le « *bon moment* » est en rapport avec le fait de laisser le nourrisson ressentir sa tension interne, exprimer sa demande à travers le pleur, et recevoir alors satisfaction de son besoin avec pour effet un apaisement interne. Ainsi il s'agit pour le maternant de répondre : ni trop tôt (avant que le nourrisson ait fait sa demande), ni trop tard (ne pas le laisser s'épuiser dans le pleur) ; par exemple, le nourrisson attend un tout petit peu en pleurant le temps que le sein ou le biberon soit prêt, dans un dialogue avec le maternant puis reçoit satisfaction de son besoin. En grandissant, il pourra apprendre à attendre un peu plus et développer des stratégies cognitives et émotionnelles pour gérer cette attente, et ainsi apprendre à ne pas être intolérant à la frustration.

Recevoir ces soins maternants suffisamment bons aide l'enfant à développer une confiance envers son environnement et à développer sa capacité d'être seul. Pour D.W. Winnicott[26], la capacité paradoxale d'un enfant à être seul en présence de l'autre est primordiale pour avoir une maturité affective, cela favorise « *l'émergence du Moi* ».

• Liens d'attachement, sécurité et exploration :

Un bébé naît complètement dépendant de son environnement et des interactions avec son entourage, qui vont contribuer à son développement. Il a des compétences précoces qui lui permettent de rechercher et de vivre ces interactions avec son environnement. Dès la naissance il est aussi programmé pour s'attacher, rechercher la proximité d'un adulte en cas de détresse. Il a un besoin de sécurité et de protection, il va donc s'attacher instinctivement à la personne qui s'occupe de lui. Il a à sa disposition un ensemble de comportement pour enclencher cela : les pleurs et les cris, les sourires, les comportements de poursuite et d'agrippement, la succion non nutritionnelle, et enfin l'appel par des petits cris puis par le nom[27].

---

[26] WINNICOTT D.W., Le bébé et sa mère, Payot, 1992

[27] BOWLBY J., Attachement et perte, Volume 1 : L'attachement, PUF, 1978

Du côté des parents, la réciproque au réflexe d'attachement de l'enfant est le fait de prendre soin : le « *caregiving* ». C'est la réponse déclenchée par la présence du bébé vulnérable, une motivation à donner de la protection et à répondre aux besoins de proximité. Cette réciprocité entre les comportements de l'enfant qui exprime ses besoins, interagit et le soin donné par le maternant qui apaise les détresses du petit, répond à ses besoins, lui parle, le rassure crée ce lien d'attachement, particulièrement avec la personne qui va répondre le plus souvent à ces besoins de proximité. Ce sera la figure d'attachement principale. Du fait de la vie intra-utérine et de la sensibilité sensorielle et notamment olfactive du bébé, cet attachement peut être facilité avec la mère, dans un premier temps. Néanmoins, l'essentiel est qu'il y ait un maternant bientraitant (maman, papa, éducateur, nounou…) qui s'occupe du bébé.

Le processus d'attachement prend du temps, il se construit au fur et à mesure des mois. A partir de 2 mois le bébé va s'adresser de façon préférentielle à sa figure d'attachement principale. Entre 2 et 7 mois, l'attachement se construit de façon plus spécifique avec cette personne, qui sera la mieux à même de le rassurer en cas de détresse. Vers 7-10 mois, le bébé reconnait ses figures d'attachement, et donc il est de plus en plus effrayé par l'inconnu. C'est une période clé dans le processus d'attachement, période où le système d'attachement est opérationnel. Pour B. Dal Palu, c'est donc la Bientraitance qui fonde l'attachement.

Un attachement sécure va permettre à de nouvelles compétences de se mettre en place, comme la capacité à s'éloigner pour explorer et découvrir l'environnement. Mary Ainsworth définit le concept de « *base de sécurité* »[28] : par l'activation du système de caregiving du parent en interaction avec le comportement d'attachement de l'enfant, le parent peut répondre de façon adéquate à l'enfant et lui donne alors « *une base de sécurité* » sur laquelle il peut compter pour débuter ses explorations. Cette base de sécurité assure le

---

[28] AINSWORTH. M., BLEHAR. M., WATERS. E., Wall S, Patterns of attachment : A psychological study of the strange situation, Hillsdale, 1978

rôle de figure de soutien, disponible, accessible et présente pour l'enfant. Au début de sa vie cela passe par la proximité physique, et au fur et à mesure de la croissance, cela devient pour l'enfant un concept mentalisé et émotionnel.

L'équilibre entre le lien d'attachement sécure et le système d'exploration va permettre pour l'enfant la mise en place de son processus d'individuation et de séparation. Cette sécurité lui permet d'aborder la période des 2-4 ans avec confiance, et l'aidera dans sa capacité future de négociation des conflits, de gestion de l'agressivité et d'acceptation négociée de l'autorité.

Cette sécurité de base est considérée comme un pré-requis indispensable au bébé pour se développer en tant que Sujet, c'est une forme de conscience de soi forte et stable sur laquelle il pourra s'appuyer tout au long de son parcours socio-affectif.

De la naissance à la marche

le stade oral, cutané, et scopique

Pour Sigmund Freud, la vie psychique s'organise autour du Principe de plaisir et de déplaisir ; ainsi il a défini différents stades de développement en fonction du déplacement des zones érogènes. Avant la marche, il s'agit du stade oral, le jeune enfant explore le monde avec sa bouche par laquelle il obtient satisfaction de ses besoins avec le sein ou le biberon, la succion qui l'apaise, et tout ce qu'il peut mettre à la bouche !

Comme nous l'avons vu précédemment, la peau du nouveau-né est un lieu d'interaction privilégié à cet âge-là, avec le holding et handling de Winnicott. La connaissance du monde passe par la peau. Plus l'enfant est massé, plus il passe par une dimension sécure. Le « *peau à peau* » y contribue également. De son côté, Didier Anzieux parle du « *Moi-peau* » : le sentiment d'être une personne unifiée, distincte, passe par la peau. Le tout petit reçoit les gestes maternels comme communication *(« le massage devient un message »)*. A travers les soins corporels et les communications pré-verbales précoces, il commence à distinguer le dedans et le dehors, et une vie interne lui apportant l'expérience d'un contenant. La peau devient la première enveloppe psychique, comme un sac qui retient le bon à l'intérieur, une surface qui marque une limite avec le dehors et contient le dedans, une surface d'échange avec autrui, comme première expérimentation du Moi.

Ce stade est marqué également par une pulsion scopique, en rapport avec la dialectique entre « regarder" et « être regardé ». Lorsque le jeune enfant voit quelque chose, il le veut, comme un objet pulsionnel. Par exemple, si le jeune enfant voit un paquet de bonbons, il ne peut faire autrement que de chercher à le prendre. Ainsi, à cet âge-là on ne peut pas lui mettre sous les yeux un objet et lui interdire d'y toucher (si l'on veut être bientraitant).

Durant cette phase, le parent est dans l'accueil inconditionnel : il s'adapte pleinement au petit enfant, sans condition. Cette dimension inconditionnelle de l'amour, dans le lien d'attachement, est indispensable pour la suite du développement de l'enfant.

De la marche à l'entrée dans le langage
Le stade anal, musculaire, opposant et pulsionnel

Selon S. Freud, l'enfant grandit en déplaçant ses zones érogènes. De la marche jusqu'à l'entrée dans le langage (autour des 2 ans et demi/3 ans), la zone anale est particulièrement investie, notamment avec l'apprentissage du contrôle des sphincters. C'est le stade du contrôle : lâcher ou retenir !

La production fécale est aussi la première production de l'enfant, accueillie de façon paradoxale par les parents : c'est un beau cadeau et en même temps c'est sale (« *il est beau ton caca, il va voyager dans les toilettes* »).

En commençant à marcher, l'enfant contrôle aussi ses déplacements. Il commence à s'individualiser en disant « non », c'est la première différenciation : devenir propre à soi-même. A ce stade, il montre sa toute-puissance, dans une phase d'opposition. Cette différenciation est nécessaire pour grandir, ainsi il s'agit d'accepter cette opposition, il va **dire « non » pour apprendre à dire « je »**. L'enfant va tester ce qu'est le langage : « *est ce que les autres vont faire tout ce que je vais dire ?* ».
Il faut qu'il puisse dire non à aller sur le pot : « *tu as le droit de dire non, et tu le fais quand même* » (l'enfant comprend ainsi le langage et l'effet). Le mot n'est pas la chose.

C'est un moment délicat pour les parents, car il faut à la fois qu'ils valident l'opposition (« *tu dis ton désir, et c'est nécessaire* ») et en même temps qu'ils n'accèdent pas à toutes les demandes et/ou exigences de leur enfant, pour que ce dernier ne soit pas tyrannisé par son désir et qu'il ne tyrannise pas ses parents avec !

Il s'agit de trouver un moyen de contourner les objections de l'enfant : « *Tu as le droit de dire non, et en même temps il faut le faire, regarde je mets le timer sur 5 minutes, et quand ça sonne il faut que ce soit fait* ». Il faut trouver des stratégies pour ne pas être tout le temps dans le frontal, pour ne pas que cela se crispe dans un affrontement permanent délétère pour l'enfant et usant pour le parent (qui peut mener aussi au trouble oppositionnel avec provocation).

Mettons donc les « lunettes positives » de l'Education Bientraitante : le fait que l'enfant soit capable de dire non est un bon signe, il grandit ! De même, il s'agit de féliciter l'enfant à chaque fois qu'il fait bien (et non le gronder lorsqu'il ne fait pas bien). C'est un stade pulsionnel car l'enfant ne maitrise pas encore bien le langage. Ainsi, c'est la Parole du parent qui va venir barrer la pulsion. Il est donc temps de mettre les premières limites, nécessaires pour que l'enfant se sente contenu, sécure. Il est nécessaire que le parent reste à sa place de parent et ne demande pas sans cesse à l'enfant ce qu'il veut. En effet, il est très anxiogène pour le jeune enfant de devoir décider de tout, il n'a pas les capacités cognitives et émotionnelles pour cela.

Pendant cette phase de la petite enfance, l'enfant apprend à se soutenir de son désir ; les parents, eux, le reconnaissent comme un être de désir *« tu as le droit de désirer »* et en même temps tiennent le Principe de réalité avec les besoins *« tu peux tout vouloir, et en même temps dans la vie on ne peut pas tout avoir »*.

Le petit enfant se soutient de son désir, le parent tient le besoin : ranger, manger, dormir, s'habiller, tenir les horaires … Ritualiser les besoins est une bonne façon de faire pour qu'ils deviennent des habitudes et ainsi l'enfant n'a plus à se poser la question de son désir « Ai-je envie de le faire ? »

Tout ce qui relève du besoin, c'est au parent de le prendre en charge, ce qui relève du plaisir appartient à l'enfant. Ce schéma de l'EmètAnalyse le synthétise bien : pour marcher équilibré, il s'agit de savoir faire avec le Besoin (Principe de réalité) et le Désir (Principe de plaisir), et arriver à nouer les deux, pour être dans l'En-Vie, être vivant ! C'est au cœur du travail éducatif qui commence dès la petite enfance (et se poursuit jusqu'aux 18 ans, âge auquel le jeune est responsable de ses actes devant la loi, et doit donc pouvoir assumer le principe de réalité).

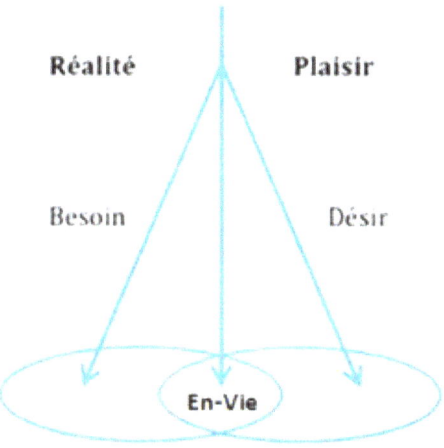

C'est à partir de ce moment de développement que l'on va être **conditionnel**. Il s'agit de ne pas tout accepter du petit enfant et de mettre des limites. L'adulte ne doit pas renoncer à ce qui est important pour lui pour toujours s'adapter à l'enfant.

Le sous-stade du « non » débouche sur le sous-stade du « je » :
1. sous-stade du « non » : l'enfant s'oppose
2. sous-stade du « je » : « c'est moi qui fais ».

Le sous-stade du « je » est le dernier round de la toute-puissance, qui se poursuit d'ailleurs un peu après 3 ans : il est difficile pour le jeune enfant de lâcher cette toute puissance, le parent va l'aider à cela, par exemple :

Astuces

- En l'aidant à penser à autre chose.
- En étant très cohérent entre sa parole et ses actions, l'enfant apprend alors à comprendre l'effet de la parole. En tant que parent, je dis ce que je fais et je fais ce que je dis. C'est important pour pouvoir mettre des limites sécurisantes, et que l'enfant puisse ajuster ses comportements.
- En étant exemplaire : si, en tant que parent, je dis à mon enfant en criant : « *arrête de crier* », il est évident que cela n'aura pas de force …
- En mettant des limites de façon positive car l'enfant ne comprend les choses qu'à partir de ce sur quoi on se focalise. Par exemple, si je dis : « *Arrête de mettre tes doigts dans la porte !* », l'enfant va mettre ses doigts dans la porte. Si je dis « *Déplace-toi en marchant* », l'enfant comprend qu'il doit marcher (et non courir). Le cerveau n'entend pas la négation, il convient donc de lui donner des instructions positives !

Ex : je parle doucement, je dis des mots respectueux, j'ai des gestes respectueux…

C'est à partir de cette phase de test du langage, d'entrée dans le sous-stade du je, que se fait la transition de l'Infans à l'Enfance.

Pour conclure, le calme des parents est nécessaire pour l'éducation, mais ne suffit pas : il faut aussi des limites bientraitantes.

Ainsi : La Bientraitance éducative = calme + limites

Zoom 2

SUR L'ENFANCE

DU LANGAGE À LA PUBERTÉ

Le constat est alarmant : tant d'enfants affirment leur opposition du haut de leur 5 ans, nous laissant le sentiment d'avoir des petits ados en face de nous, ou expriment une escalade de désirs de plus en plus exigeants, le manque d'envie et qui oublient le Principe de Réalité... Ne sommes-nous pas en train de nous éloigner de la bonne construction psychique pour nos enfants ? Il est nécessaire de bien comprendre cette deuxième période du Trajet du Sujet : l'Enfance*, et ses enjeux. Cette étape de vie, entre 2/3 ans (entrée dans le langage) et 12 ans (entrée dans la puberté), *« est une étape fondatrice où le Sujet se construit correctement s'il apprend à bien s'assujettir à l'autre et donc à être en place de Bon Objet de l'autre. Cela suppose l'abandon de sa toute-puissance pour découvrir le Principe de Réalité et sa dimension conditionnelle pour*

être apprécié par les autres et s'adapter à l'environnement »[29]. Marcelli corrobore ce concept de l'EmètAnalyse : « *Vers 2/3 ans, en même temps que le langage se développe, l'enfant va apprendre les prémices du code social, c'est à dire ce qu'il convient de faire et ce qu'il ne faut pas faire… En observant ses parents et en les écoutant, l'enfant intériorise petit à petit les limites d'une part, les obligations et les règles sociales d'autre part »*[30]. Apprendre à être Bon Objet, c'est apprendre que dans la vie il y a des règles, un cadre qui sécurise et que pour vivre avec les autres, il faut savoir faire avec la frustration, savoir reporter ses désirs à plus tard donc ne pas faire ce que l'on veut quand on veut.

L'école a donc son rôle à jouer ! Et malgré son état de santé, nous avons besoin d'elle car : *l'Ecole décolle !* Cette institution permet de barrer la jouissance et la toute-puissance de l'enfant. Lever le doigt, attendre son tour, dire « merci, s'il te plaît, bonjour, au revoir », partager la maîtresse avec les autres, patienter et s'ennuyer entre deux activités, réaliser un travail de groupe, être assis à côté de quelqu'un avec qui nous n'avons pas de point commun, avoir des responsabilités dans la classe, suivre toute la journée le programme que la maîtresse propose, sont autant de situations qui mettent l'enfant dans une situation de Bon Objet. Bruno Dal Palu précise ce type de relation en insistant sur l'importance de respecter cette asymétrie entre l'adulte et l'enfant en rappelant que c'est « *l'adulte qui gère les besoins de l'enfant et ne laisse comme espace du désir que le jeu et l'imagination, sinon il aura très rapidement tendance à s'ériger comme enfant roi voire comme un enfant tyran »*[31]. La période de l'enfance est celle où l'enfant devrait faire les choses pour faire plaisir à ses parents et à la maîtresse. Il apprend la politesse, les bases scolaires « *nécessaires et suffisantes pour faire lien social »*[32]. Nous le constatons à l'école tous les jours. Le comportement d'un enfant ne ment

---

[29] DAL PALU B., Introduction à l'EmètAnalyse, Les Editions du Panthéon, Paris, 2020, p85.

[30] MARCELLI D., Il est permis d'obéir., Albin Michel, Paris, 2009, p36.

[31] DAL PALU B., Op.cit, p85.

[32] DAL PALU B., Ibidem

pas. S'il n'est pas Bon Objet à l'école, alors c'est qu'il essaye de dire quelque chose qui dysfonctionne en lui ou à la maison. C'est pour cela que le métier des enseignants et des éducateurs a tant changé, passant de la mission pédagogique au défi éducatif. Si l'enfant ne passe pas par cette période de vie, comment fera-t-il pour intégrer les règles, les lois qui régissent la vie en société ?

L'EmètAnalyse est une méthode intégrative, ici elle intègre la conception post-piagétienne de l'intelligence en **5 stades** :
1. Le stade sensori-moteur entre 0 et 2 ans
2. Le stade pré-opératoire des représentations, entre 2 et 7 ans
3. Le stade opératoire concret entre 7 et 12 ans
4. Le stade opératoire formel entre 12 et 16 ans
5. Le stade hypothético-déductif entre 16 et 25 ans

- **Entre 3 et 6 ans :**

Durant cette période, l'enfant aime imiter ce qu'il voit dans son environnement. Ces conduites d'imitation ainsi que le jeu symbolique et le dessin, aident au développement des images mentales, de la mémoire d'évocation, du langage, et prépare l'essor de la fonction symbolique.

Pour Maria Montessori, le mot d'ordre de la période des 3-6 ans est paradoxalement "Aide-moi à faire seul". L'enfant entre 3 et 6 ans continue à se construire individuellement même s'il est au milieu d'un groupe. Ce n'est que plus tard que la dimension collective et coopérative devient un véritable moteur pour les apprentissages.

Vers l'âge de 4 ans, l'enfant va avoir des capacités cognitives qu'il n'avait pas auparavant grâce à la fonctionnalité des neurones miroirs. Il devient capable de s'identifier à l'autre, ce qui aide au développement de l'empathie.

Dans la période des 3-6 ans, lâcher la toute-puissance reste un enjeu important. Il y a donc une forte conflictualité interne. À la fin de cette période, l'énergie investie dans les conflits psychiques deviendra disponible pour être investie ailleurs, en particulier dans les apprentissages et les connaissances.

- **A partir de 6 ans : le stade de latence et des apprentissages :**

La dimension Symbolique devient fonctionnelle autour des 7 ans : c'est l'âge de raison. Il est important de mettre en mots les choses. C'est ainsi que l'enfant donne sens à ce qu'il vit ou imagine. Et à la fois, être Bientraitant, ce n'est pas tout dire à son enfant : c'est bien dire au bon moment, c'est-à-dire lorsque l'autre est capable de l'entendre et de le comprendre.

B. Dal Palu donne un exemple qui permet de comprendre la différence d'appréhension de la réalité en fonction des âges. Pour expliquer la mort à un enfant de moins de 7 ans, il est anxiogène de lui dire que la personne décédée est "au ciel", car il va se demander quand est-ce qu'elle en redescendra ! A partir de 7 ans, si nous lui disons que "le ciel" est l'évocation symbolique pour se représenter un lieu pour se souvenir de la personne disparue, cela peut faire sens. Ainsi, avant 7 ans nous pouvons dire « *Il n'est plus là. L'important, c'est que toi tu sois vivant, et que moi je sois vivant. Et maintenant on va jouer* ». Si l'enfant joue, c'est que la réponse est suffisante et l'a apaisé.

Marie et Paul ont deux enfants de 6 et 3 ans. Ils viennent consulter avec Timéo, 6 ans, car ils le trouvent anxieux suite à une fausse couche que Madame a vécu quelques mois auparavant. Ils avaient annoncé à Timéo qu'il allait avoir un petit frère ou une petite soeur dès les premières semaines de grossesse. Puis, lorsque la grossesse s'est arrêtée au deuxième mois, ils lui ont également dit. Je leur ai expliqué qu'ils avaient fait une erreur : comment Timéo pouvait-il élaborer psychiquement l'arrivée d'un bébé qu'il ne voyait pas (Madame n'avait pas encore pris de ventre), puis comprendre son décès ? Pensant bien faire en lui disant tout, ils l'ont mis en difficulté. Ceci s'est manifesté par une forte anxiété et une régression affective de l'enfant.

La période de latence est une période du renforcement du moi, mieux adapté à la réalité. L'autonomisation grandissante de l'enfant lui permet de sortir du groupe familial pour s'intégrer dans d'autres groupes sociaux. C'est une période favorable aux acquisitions intellectuelles, car l'énergie pulsionnelle se canalise, les mécanismes de défense se mettent en place. La scolarité prend une place essentielle dans la vie de l'enfant. Les contacts sociaux se multiplient et se diversifient. Les enfants ont des activités de groupe, qui deviennent à l'âge de l'école élémentaire, des activités où s'élabore un réel travail en commun, avec participation égale de chacun des membres du groupe. Les enfants de cet âge ont tendance à se regrouper selon leur sexe. Ce phénomène a été observé dans toutes les cultures, ce qui lui confère un caractère universel.

Apprendre implique de laisser la place à l'erreur. Pourquoi attendre des enfants qu'ils réussissent au premier essai alors que plus petit, ils ont dû tomber plusieurs fois avant d'apprendre à marcher ? Nelson Mandela l'a formulé ainsi : "Je ne perds jamais, soit je gagne, soit j'apprends".

L'enfant se construit à travers le jeu, un moyen d'apprendre à respecter les règles, à tenir compte de l'autre et en perdant, il a aussi à gagner : c'est une autre manière de devenir résilient.

De même, laisser les enfants s'ennuyer est important pour stimuler leur imagination et leur créativité. Il ne faut surtout pas éviter cet ennui en le comblant par des écrans : ce serait délétère pour leur potentiel intellectuel.

Zoom 3

SUR L'ADOLESCENCE

 DE LA PUBERTÉ À LA MAJORITÉ

Mathieu et Sylvie viennent consulter avec leur ado Théo de 14 ans : l'ambiance à la maison est électrique, Théo n'arrête pas de contester, il ne veut jamais faire ce que ses parents lui demandent. Mathieu est découragé : "qu'est ce qu'on a loupé ? Il n'est plus motivé pour grand-chose à part son téléphone…".

Dans la société moderne, tout le monde passe par l'Adolescence, même si, pour certains, cela se passe discrètement. La logique de l'Adolescence s'inverse par rapport à celle de l'Enfance : l'adolescent "**se pose en s'opposant**". Contrairement à ce que pense la plupart des parents, B. Dal Palu insiste sur un point essentiel : il ne s'oppose pas à ses parents, mais à son Enfance, et sa posture de Bon objet.

Comme l'Adolescence permet de rejouer les enjeux de l'Infans (petite enfance), le mot "non" redevient la norme. Il s'agit de **dire "non" pour dire "je"**. C'est ainsi que l'ado va pouvoir se construire, devenir lui-même et non seulement le fils ou la fille de ses parents. L'ado va à nouveau se soutenir de son désir, en s'opposant à celui de ses parents, et c'est sain. Il est nécessaire que les parents comprennent cette logique qui s'inverse et son but : se construire en devenant soi-même.

De même que dans la petite enfance, l'ado va à nouveau **tester le langage**, et être dans une sorte de toute-puissance, de "Tout" vouloir "Tout de suite". Il a besoin d'apprendre que le mot n'est pas la chose, ce n'est pas parce qu'il l'exige que cela se fera, car *« il a le droit de tout vouloir mais dans la vie on ne peut pas tout avoir! »*.

Il est nécessaire que les parents aient ce recul sur le langage de l'ado, pour ne pas coller à tout ce qu'il dit, et ne pas prendre pour soi ses paroles parfois "agressives".

Comme l'énonce avec humour B. Dal Palu, *« l'Adolescence est **un sketch**, où l'ado joue son rôle de manière authentique »*. Le parent se doit d'**avoir ce recul** et de "jouer le jeu" sans être dupe.

Mathieu et Sylvie ont appris à prendre du recul, à être OK avec le "non" systématique que leur oppose Théo, et se disent dans leur tête "c'est bien mon fils, tu t'opposes !", ou parfois disent à leur fils"c'est bien, bon et maintenant il faut le faire quand même". Ils ont appris à accepter les râleries, et que leur fils pouvait être décevant, et "ce n'est pas si grave !". En aparté, lorsqu'ils se retrouvent entre eux, Mathieu et Sylvie ont appris à en rire, de ce sketch.

"Range la table Théo"

"Non", et quelques minutes après, il s'y met de lui-même et le fait…

Evidemment, l'Adolescence est un temps de grandes métamorphoses, notamment hormonales et physiques. Ce qui se sait moins, c'est que le cerveau de l'adolescent est également en plein chantier entre la puberté et 25 ans. C'est pourquoi sur le plan cognitif, il devient capable de raisonnement hypothético-déductif.

DANS LE CERVEAU D'UN ADO

Les progrès des techniques non invasives d'observation du cerveau comme l'IRM et IRM fonctionnel, ont permis de confirmer que le **cerveau adolescent** n'est pas un cerveau adulte en miniature ! Il possède des **spécificités anatomiques et fonctionnelles marquées** : le cerveau vit une très forte restructuration et réorganisation entre la puberté et 25 ans.

En Bref :

 Les neurosciences viennent confirmer le parallèle entre la petite enfance et l'Adolescence : dans le cerveau il y a une forte création de neurones et de synapses à la pré-puberté, suivie d'un nouvel élagage synaptique : **le cerveau se spécialise** dans des connexions moins nombreuses mais plus efficaces à travers l'interaction avec l'environnement.

 Cet élagage synaptique ne se fait **pas de façon synchronisée** dans toutes les parties du cerveau. Les **régions préfrontales** connaissent les plus importantes modifications à l'Adolescence. Elles sont impliquées dans les tâches de haut niveau appelées **fonctions exécutives** : elles sont essentielles pour la régulation du comportement face à des contextes complexes ou nouveaux. Les principales fonctions exécutives sont la flexibilité mentale, la planification, le contrôle et la régulation de l'action (la capacité à intégrer de l'information nouvelle pour mettre à jour de la mémoire de travail et la capacité d'inhibition, c'est à dire se retenir). Le cortex préfrontal n'achève sa maturation que vers 23/25 ans.

 Le **système limbique** a une maturation plus rapide : Il intervient dans la **dynamique et le contrôle du comportement des émotions** (plaisir, peur, agressivité). Il participe aussi au **circuit du plaisir** (système de récompense). On le désigne souvent comme le **cerveau émotionnel**. Il joue aussi un rôle majeur dans les apprentissages et la mémoire.

 Ce **déséquilibre de maturation** entre le cortex préfrontal (système de contrôle) d'une part et le système limbique et le circuit de la récompense (centre émotionnel) d'autre part est une des principales hypothèses des neuroscientifiques pour expliquer les comportements adolescents. Ils recherchent la nouveauté-plaisir malgré un danger potentiel fort, du fait d'un système de récompense fort, d'un système d'évitement de la douleur faible, et d'un système de supervision inefficace.

Comme le cerveau a une maturation constante entre la puberté et 25 ans, âge où il fonctionne comme un cerveau adulte, il est cohérent de penser l'entrée dans l'âge adulte non à la majorité, mais à 25 ans, comme le fait l'EmètAnalyse.

Je vous en dis plus sur le cerveau de votre ado :

Mais que se passe-t-il donc dans le cerveau de nos ados ?

L'Adolescence est aussi le temps où se gère la **dette** vis à vis de ses parents : comment puis-je à la fois devenir moi-même et rester le fils ou la fille de mes parents ? On peut donc comprendre la grande conflictualité interne à cet âge-là. Cette équation se résout lorsque l'ado peut être dans la gratitude pour ce que ses parents lui ont donné, transmis, tout en allant son propre chemin. C'est d'ailleurs en étant dans cette reconnaissance qu'il pourra alors être dans "un lien qui libère" et ne pas rester asservi au désir (ou aux travers) de ses parents. Car s'il décide de les rejeter, de couper les ponts, que

« *ce qu'il m'ont donné: c'est nul* », ce chemin de rejet et/ou de ressentiment va générer une loyauté inconsciente qui l'amènera à répéter les mêmes erreurs que ses parents, comme si par là-même il leur disait (de façon non consciente) : « *ce n'est pas si grave ce que vous avez fait, regardez, je fais pareil…* ». Ainsi le jeune reste lié à un héritage dont il se défend.

Dans la même logique, l'Adolescence est le temps où est questionné le choix de vivre : « *que vais-je faire de cette vie que j'ai reçue sans le vouloir ? vais-je la choisir ou non ?"* ». Un adolescent qui ne choisit pas la Vie, la rejette, aura tendance à s'autodétruire.

L'adolescent est principalement tourné vers le Principe de plaisir. Ainsi les parents doivent tenir le Principe de réalité jusqu'à sa majorité. A ses 18 ans, il devient responsable de ses actes devant la loi et doit donc savoir gérer sa division entre le Principe de réalité et le Principe de plaisir.

A 18 ans, il est donc majeur, mais pas « terminé » !!

Zoom 4 SUR L'ADULESCENCE

DE LA MAJORITÉ À LA STRUCTURATION DE LA PERSONNALITÉ

Le cerveau devient mature, adulte autour de 23/25 ans. Comment penser et nommer alors cette période entre 18 et 25 ans ? L'EmètAnalyse intègre dans sa conception du Sujet, ce que Tony Anatrella a nommé l'Adulescence, mais en la définissant radicalement autrement. C'est une période où le jeune s'appose à ses parents, il se pose à côté d'eux (contrairement à l'adolescent qui se pose en s'opposant). L'apparition de cette étape de vie est propre à notre société hypermoderne, notamment en raison de l'allongement de la durée des études. Cette période permet au jeune de lui laisser le temps de continuer à acquérir son indépendance affective et financière, pour devenir adulte, et si possible Sujet : savoir se soutenir de son désir tout en tenant compte de l'autre.

C'est une période où l'adulescent est encore vulnérable, on pourrait dire que c'est un "majeur protégé", pas encore "tout à fait fini". Lorsque les parents partent du principe que leur fille ou leur fils est majeur et donc qu'il doit se débrouiller seul, cela peut poser des problèmes…

C'est, de plus, une période de choix d'orientation, d'études, de futur métier, et ces choix sont complexes pour l'adulescent qui apprend à se projeter dans l'avenir, sans toujours y parvenir. Il a besoin de soutien, parfois autre que les parents.

Aurélie est venue consulter avec ses parents : elle a 18 ans, est partie en études pour une première année en BTS loin de la maison, mais a fait des crises d'angoisses à partir de janvier. Ainsi, en mars elle quitte son école et revient à la maison déprimée, angoissée. Les parents ne savent plus quoi faire. Ils sont donc venus consulter.

Au fur et à mesure de l'accompagnement, il apparaît que les parents ont été de "très bon parents", faisant beaucoup pour leur fille. Ainsi cette dernière est restée avec une certaine fragilité, sans avoir à 18 ans la résilience nécessaire pour affronter la vie autonome d'étudiante, et faire un "vrai" choix d'orientation. Durant l'accompagnement, elle a pris le temps de retrouver confiance en elle, de se remettre en marche en retrouvant une vie sociale avec la famille et des amis en surmontant "la honte" de ce qu'elle vivait comme un échec, puis de chercher un petit travail tout en réfléchissant à son projet professionnel. Après avoir travaillé pendant quelques mois dans une association, elle se réinscrit maintenant dans un autre BTS qui lui convient mieux.

En tant que parent, la posture bientraitante est à la fois une posture d'accueil : *« si tu as besoin de revenir à la maison pour un temps, tu es le bienvenu»*, et à la fois une posture paternante : il s'agit de mettre les contraintes nécessaires pour que l'Adulescent continue à s'approprier le Principe de réalité, et qu'il ait le Désir de prendre son indépendance. Ainsi, il est logique qu'il participe aux tâches ménagères, voire au loyer (s'il travaille et a un salaire). Si la vie est trop "cocooning" et confortable chez "papa maman", comment aura-t-il envie de partir vivre sa vie?

Là où l'adolescent avait tendance à s'opposer au Principe de réalité, l'adulescent, lui, va s'apposer : apprendre à trouver sa posture lui permettant de nouer le Principe de réalité et le Principe de plaisir, de savoir faire avec les deux, en gagnant en autonomie dans ce domaine.

Les objectifs visés à l'adulescence sont ceux des critères de l'adultité ci-dessous, et aussi : savoir tenir compte de l'autre, objectif particulier du Trajet du Sujet à cette période. Les parents ont encore un rôle de tuteur (comme le tuteur d'un arbre), pour que l'Adulescent aille dans ces directions.

Pour l'EmètAnalyse, l'adultité est un concept, pas un constat. Autrement dit :

Devenir **adulte**, c'est remplir 4 critères :

- ✓ avoir 25 ans
- ✓ assumer son identité sexuelle
- ✓ être indépendant financièrement
- ✓ être autonome psychologiquement

Un adulte est-il pour autant un Sujet, sachant se soutenir de son Désir tout en tenant compte de l'autre ? Pas nécessairement, c'est pourquoi, après 25 ans, au travers des circonstances et des crises de la vie, se rejouent ces enjeux : apprendre à se soutenir de soi-même, de sa parole, de ses émotions, apprendre à s'affirmer ... Et apprendre à tenir compte de l'autre, se décentrer pour savoir être en relation dans un lien qui libère...

Que devient le métier de parent après 25 ans ?
Le cadre change.

Puisque désormais la relation se vit d'adulte à adulte,

la posture d'Education *bientraitante* cesse

pour construire une relation *bienveillante*.

Mais c'est là une autre histoire, avec d'autres concepts, que l'EmètAnalyse développe dans d'autres ouvrages :

DAL PALU B., **Introduction à l'EmètAnalyse**, les éditions du Panthéon, Paris, 2020

DAL PALU B. & JARDIN V., **Amour et conjugalité, il ne suffit pas de s'aimer pour faire couple…**, Editions Reflections, Avignon, 2021, pp239

et à venir :

DAL PALU B., **Il ne suffit pas d'aimer pour être un parent bientraitant**

CHASTAGNER C.**, Et si mon enfant était … hypersensible ? HPI ? Dys- ? TDA/H ?**

La Boîte à Outils à retenir !

Stop à l'éducation bienveillante ! La Bientraitance est **LE** curseur éducatif ! Dans une relation parent-enfant asymétrique.

Remettons du Paternant dans l'éducation de nos enfants !
Se séparer c'est grandir !

Sensibilité & Résilience : les 2 clefs pour préparer nos enfants à demain !
Une éducation bientraitante amène à être autant sensible que résilient.

L'En-Vie : pour équilibrer la vie de nos enfants entre le **Principe de réalité** et le **Principe de plaisir**
Le parent tient le Principe de réalité jusqu'aux 18 ans de l'enfant.

Le Trajet du Sujet : à chaque âge ses besoins et sa logique de construction
Le **petit enfant** apprend à se soutenir de son **Désir**
L'**enfant** apprend à **tenir compte de l'autre**
L'**adolescent** se soutient de son **Désir**
L'**adulescent tient compte de l'autre**
Pour devenir adulte puis parfois Sujet, qui sait faire avec soi-même et avec l'autre.

Passer de l'Exigence à l'Attente : du "Tout tout de suite" à laisser du temps
Apprendre à attendre.

Passer de la *punition* arbitraire à la *sanction* (positive et négative) qui fait grandir
J'accepte de changer si j'ai quelque chose à gagner.

Distinguer *ETRE* et *FAIRE*. **Aimer son enfant ne suffit pas.**
L'amour parental a une **dimension inconditionnelle dans l'être**
& une **dimension conditionnelle dans le faire.**

Gérer la *frustration* : trouver le compromis entre Tout ou Rien
Pour aller vers l'acceptation du "**Pas tout**" "**Pas tout de suite**" : utiliser un objet qui met la limite, et donner du temps.

Les *émotions* ont leur utilité. Apprenons à les décrypter.
Accueillons l'émotion **sans la laisser déborder.**

La *fratrie* :
une **chance** pour devenir **résilient. Ne pas faire "du même"**
Ce qui est ajusté, c'est à la fois du "Même" et du "Différent", dans le respect des règles.

Famille recomposée : **chaque parent s'occupe de son enfant.**
L'autorité n'est pas partagée, mais peut être déléguée en partie dans sa gestion quotidienne.

POUR CONCLURE

En conclusion de ce livre à deux voix, nous espérons que votre regard sur l'éducation a été enrichi, que vous avez acquis des Re-pères aidants et structurants pour ce métier de parent, ô combien primordial et défiant.

Oui, l'éducation est une mission possible dans notre XXIème siècle, à condition d'être bien outillé, et bien entouré. En effet, avoir des relais bientraitants est une vraie aide voire une nécessité : éducateurs des crèches, nounous, enseignants et éducateurs de l'école, grands-parents, parrains, marraines, amis... et aussi professionnels (coach, psy...) si besoin. Nous avons tous besoin d'aide à un moment ou à un autre, et tous les enfants ne sont pas aussi "faciles" à élever, alors n'hésitez pas à consulter, même pour quelques séances.

Enfin, comme nous l'avons vu, il s'agit d'être des parents suffisamment bons. Pour cela, ne faites pas ou ne donnez pas "tout" pour votre enfant, mais prenez soin de vous en premier en tant que personne, c'est ce qui vous permettra alors de pouvoir prendre soin de l'autre. Comme nous le rappelons régulièrement en séance : « *Madame, vous étiez d'abord une femme, puis une conjointe, puis une mère ; Monsieur, vous étiez d'abord un homme, puis un conjoint, puis un père : prenez donc soin de vous, chacun, dans cet ordre-là !* ». Prenez du temps pour vous, pour vivre ce qui vous fait du bien, ce qui renouvelle vos batteries, cela vous aidera dans votre parentalité !

En parallèle, investissez dans votre enfant, en prenant du temps de qualité avec lui (ce n'est pas la quantité qui compte !). Dans nos sociétés modernes, ce n'est pas l'investissement en termes d'argent qui compte, mais en termes de temps, la denrée périssable la plus précieuse que nous avons à notre disposition. Et votre enfant ne s'y trompera pas, l'investissement en intérêt et en temps de qualité fera la différence. Il vous le rendra bien.

Continuez à aimer votre enfant et à enrichir son terreau tout en mettant le cadre sécurisant nécessaire propre à chaque âge. A l'heure des évolutions technologiques considérables et de l'arrivée de l'Intelligence Artificielle, comme le disait Maria Montessori « *l'Education est l'arme la plus puissante pour changer le monde* ». Alors ne nous perdons pas dans les découvertes techniques et scientifiques. Ne perdons pas le temps de la nature et de l'homme. Faisons le pari d'investir dans l'Education de nos enfants pour que l'humain reste au cœur du monde de demain.

VOICI DES LIENS UTILES !

Pour nous contacter, demander une conférence, une formation, des Analyses des Pratiques Professionnelles, un suivi coaching ou une thérapie :

Catherine CHASTAGNER
www.catherinechastagner.fr
https://www.facebook.com/catherinechastagnertherapeute/
Cabinet de Psychothérapie et Coaching familial
4 avenue du Vercors
26120 MALISSARD
c.chastagner@hotmail.com

Marilyne MARIE
Etre Soi & Rayonner
11 avenue Baptiste Marcet
43000 LE PUY EN VELAY
etresoietrayonner@gmail.com

➤ Pour retrouver tous les outils de *L'Education bientraitante* & de l'EmètAnalyse en vidéo :

https://www.youtube.com/channel/UCtPvR1h2xyv-qTt9pi0YbIA

 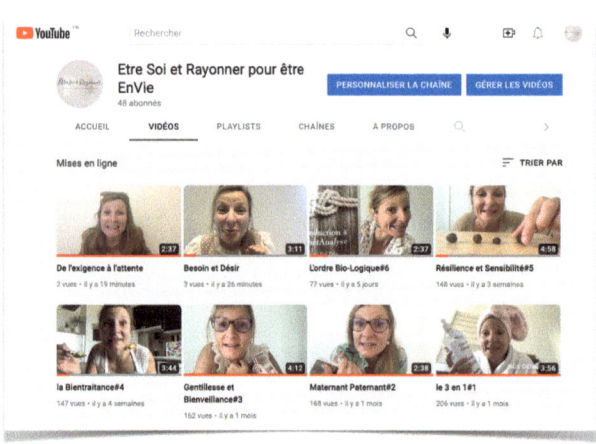

➤ Pour comprendre d'où viennent ces outils et vous former :

EmètAnalyse
RELATION D'AIDE
PSYCHOTHÉRAPIE
COACHING

CFEA

https://www.facebook.com/LEmetAnalyse/
https://www.cfea-formation.com/lemetanalyse/

UN GRAND MERCI À...

Bruno Dal Palu

pour sa transmission généreuse, ses années de recherche, de développement et de perfectionnement de sa méthode qu'est l'EmètAnalyse. Nous en savourons chaque jour la pertinence dans nos accompagnements. Merci à lui aussi pour ses séances de supervision régulières qui nous maintiennent dans l'Excellence.

Tous les EmètAnalystes

qui contribuent à maintenir cette méthode pertinente et ajustée. Un clin d'oeil particulier au groupe de Recherche & Développement de l'EmètAnalyse et à l'équipe de formateurs qui a accueilli notre créativité et notre pédagogie. Le coup de pouce de notre collègue Caroline Gormand va permettre de visualiser encore plus largement les outils de l'EmètAnalyse à travers un jeu de cartes.

Nos conjoints

qui nous permettent de garder les pieds sur terre, avec qui nous avons la chance de vivre un Lien qui Libère et de pouvoir concrétiser ce que nous avons à coeur.

Nos parents

pour toutes les belles choses qu'ils nous ont transmises. Dans leur imperfection, ils nous ont permis d'être qui nous sommes aujourd'hui.

Nos fils

qui nous font grandir, qui nous bousculent et qui confirment combien être parent reste une mission complexe et tellement riche !

Nos « inspirations » du quotidien :

les familles, les enfants, les ados que nous côtoyons. Ils nous mettent au travail et nous permettent de mesurer combien notre mission de vie est soutenante et utile pour que chacun s'épanouisse.

La Vie

qui nous permet d'Être et d'agir avec nos talents.

Les MOTS de l'EmètAnalyse

BESOIN : Le Besoin est articulé au Principe de réalité. Sa seule satisfaction est déprimante, noué au Désir il détermine l'En-vie.

BIENTRAITANCE : Une posture bienveillante à l'égard d'un Sujet vulnérable. Une relation asymétrique fondée sur le "Prendre-soin" et l'accompagnement des Sujets fragiles et vulnérables.

BIENVEILLANCE : Une posture et une démarche qui consistent à veiller au bien-être de soi d'abord et de l'autre ensuite.

BON OBJET : Il s'agit d'une posture vis à vis de l'autre, présente dans les phases relationnelles de dépendance, par exemple pendant l'enfance. Elle consiste à dire « oui » et à s'adapter au Désir de l'autre; si elle se prolonge, elle peut empêcher de devenir Sujet.

CAPACITÉ TRANSFORMIQUE : Faire d'un mal un bien. Selon B. Dal Palu : « Savoir rebondir de manière performante et inattendue. C'est une compétence indispensable pour faire de ce qui pourrait paraître un problème voire une catastrophe, une chance pour un avenir inattendu. »

DÉSIR : Le Désir est articulé au Principe de plaisir. L'assouvir seul, il est tyrannique, addictif et mortifère, écorné par le Besoin, il fomente l'En-vie.

DETTE : « Qui paye ses dettes s'enrichit ». La dette est basée sur un don (la somme du capital investi) et un contre-don (par celui qui rembourse le capital et les intérêts). Il s'agit de la dette symbolique envers la vie, la première que nous avons puis de la dette symbolique éducative et affective, la seconde.

ÉMÈTANALYSE : Méthode intégrative créée en 1989, fondée par Bruno Dal Palu. Le radical « Emèt » (qui signifie « vérité » en hébreu) vient souligner l'approche paradoxale de son objectif qui est de permettre à chacun de trouver « sa vérité » en fonction de sa propre perception, de sa propre histoire d'où la formule : « Il n'y a de vérité que du Sujet ». L'affixe Analyse vient notifier le champ d'appartenance théorique qui va de psychanalyse (notamment lacanienne) à l'analyse systémique, en passant par l'Analyse transactionnelle et d'autres outils de psychothérapies brèves (PNL, hypnose, CNV, accords toltèques).

EN DEÇA DU PRINCIPE DE PLAISIR : Cela fonde la première compétence de l'être humain qui est de rassurer sa mère dès la vie intra-utérine. Ce concept fondateur de l'EmètAnalyse permet une grande efficacité dans la thérapie des bébés.

ENFANT BESOIN : Avant les années 70-80, le couple faisait des enfants pour perpétuer une lignée, un patrimoine, donc par besoin (avec un fort taux de mortalité).

ENFANT DÉSIR : Après les années 70-80, avec la possibilité de contrôler les naissances (contraception, IVG, PMA), le couple fait le choix d'avoir des enfants selon son désir.

EN-VIE : C'est un Besoin-désirant (écrit sciemment en deux mots, pour symboliser que l'on se sent plus vivant pour réaliser nos En-Vies. En effet, l'En-Vie est un nouage entre un besoin et un désir. S'il manque l'un des deux, l'En-Vie disparait.

EXIGENCE : C'est une posture relationnelle qui nie l'autre, par le poids des détails.

GRAND AUTRE : C'est la référence au savoir, à la culture dans laquelle le Sujet évolue.

MATHEME : C'est une formule qui permet de montrer un concept de l'EmètAnalyse de manière synthétique et logique.

MAUVAIS OBJET : Il s'agit d'un Objet d'attachement quel qu'il soit, lequel est rejeté dans une dimension systémique.

PRINCIPE DE PLAISIR : C'est le champ du Désir au sens large. S'il est surinvesti et dénoué du Principe de réalité, il peut devenir mortifère.

PRINCIPE DE RÉALITÉ : C'est le champ du Besoin au sens large. S'il est surinvesti et dénoué du Principe de plaisir, il peut devenir déprimant.

RESILIENCE : Notion développée par Boris Cyrulnik qui décrit la capacité du Sujet de reprendre un développement normal malgré un traumatisme. L'EmètAnalyse parle de résilience généralisée qui est la capacité à traverser les difficultés petites et grandes de la vie.

SAUVETEUR : C'est une posture relationnelle qui amène le Sujet à faire plus que sa part en étant plus gentil que bienveillant.

SENSIBILITÉ : Être suffisamment souple et ouvert dans la vie pour comprendre le monde et y contribuer avec justesse et respect, grâce à un environnement riche et de qualité.

SUJET : Concept équivoque qui suggère qu'une personne est paradoxalement aliénée à l'Autre et pour autant libre d'être elle-même, en tant que déterminée par son propre désir. Désigne un individu ayant une personnalité, libre de sa propre parole, acteur de sa propre histoire, qui cependant se soucie de l'autre. La formule proposée par Bruno Dal Palu est la suivante : « un Sujet est quelqu'un qui n'est pas quelconque, qui se soutient de ses désirs tout en tenant compte de l'autre ».

SUJET VULNÉRABLE : Sujet dépendant d'un autre Sujet de par sa fragilité (handicap, trouble) ou son âge (enfants). Personne dont nous prenons soin : Bientraitance.

SYMPTÔME : Lorsque le Sujet est divisé et qu'il y a une souffrance, un symptôme apparaît (si le comportement se répète 2 fois). Tout Symptôme a un sens, protège d'un pire (le corps vient dire quelque chose qui ne peut se dire avec des mots) et une jouissance (avec des bénéfices secondaires).

SYSTÈME : Dans le cadre de cet écrit, il s'agit du système qu'est la famille et l'école. Il s'agit d'observer si tout le monde est à sa place symbolique. Celui qui ne l'est pas souffre et fait dysfonctionner le système.

TIERS : Elément extérieur à la relation (une personne, un objet tel que l'horloge) qui a pour fonction de barrer la jouissance de l'autre, de faire lâcher la Toute puissance et vivre une relation dans un Lien qui libère.

TRAJET DU SUJET : « Allez vers soi-même, sans que cela gêne l'autre », tel est le trajet du Sujet. Le Sujet en devenir se construit selon un trajet bien défini qui le constitue. Ce trajet se fait, selon l'EmètAnalyse, en cinq étapes (infant, enfant, adolescent, adulescent, adulte).

*Parce que la perfection n'existe pas...
visons l'Excellence !*

Toute la vie, nous allons apprendre, rebondir, essayer, nous tromper, réussir et surtout toujours nous améliorer pour progresser.

Alors, ce premier livre, nous l'avons travaillé pour le créer du mieux que nous avons pu. Il connaîtra certainement des modifications et des évolutions.

Si vous soulevez des erreurs, n'hésitez pas à nous faire des retours pour que nous puissions y apporter des corrections :

c.chastagner@hotmail.com
etresoietrayonner@gmail.com

Nous souhaitons à chacun d'être **meilleur aujourd'hui qu'il n'était hier**
& d'être meilleur **demain qu'il n'est aujourd'hui**.